AFFAIRE DE VERNA

AFFAIRE

DAUPHIN DE VERNA

RAPPORT DES EXPERTS

LYON

IMPRIMERIE SCHNEIDER FRÈRES

Quai de l'Hôpital, 9

—

1898

AFFAIRE

DAUPHIN DE VERNA

RAPPORT DES EXPERTS

Les soussignés :

Arthur GIRY, membre de l'Institut, professeur à l'École nationale des Chartes, demeurant à Paris, rue des Chartreux, numéro quatre ;

Léon CLÉDAT, doyen de la Faculté des Lettres de Lyon, demeurant à Lyon, rue Molière, numéro vingt-neuf ;

Alfred COVILLE, professeur à la Faculté des Lettres de Lyon, demeurant à Lyon, quai de l'Est, numéro dix ;

Experts nommés,

Les deux premiers par quatre jugements du Tribunal civil de première instance de Lyon, en date du vingt février mil huit cent quatre-vingt-dix-sept ; le troisième en remplacement de Monsieur Baudrier, non acceptant, par ordonnance de Monsieur le Président du Tribunal civil de première instance de Lyon, en date du six avril mil huit cent quatre-vingt-dix-sept ;

Dans les causes pendantes entre les départements du Rhône, de la Loire et de l'Isère, et la ville de Lyon, demandeurs, d'une part ;

Et les héritiers de feu Monsieur le baron Dauphin de Verna, représentés par Monsieur Mulin, exécuteur testamentaire de ce dernier, défendeurs, d'autre part ;

Au sujet d'une série de documents provenant de la succession de feu Monsieur le baron Dauphin de Verna, saisis à la requête des demandeurs et revendiqués par eux comme propriété publique ;

A l'effet d'examiner et de décrire chacun des documents saisis et de dire et rapporter :

« 1° Quelle est leur nature, si ce sont des livres ou des « manuscrits ;

« 2° Si ces pièces, livres ou manuscrits, ont appartenu aux « archives, ou aux bibliothèques publiques des départements « du Rhône, de la Loire et de l'Isère, à celles de la ville de « Lyon, de la commune de Crémieu ou des hospices de Cré- « mieu ; si ces bibliothèques ou archives appartiennent aux « départements ou aux communes et si elles sont affectées à « l'usage direct et immédiat du public ;

« Si, dans le cas où ces pièces ne figureraient pas dans « des catalogues, il résulte néanmoins, soit de marques exté- « rieures, soit de renseignements fournis qu'elles auraient « fait partie de ces bibliothèques et archives ;

« 3° Depuis quand elles sont en la possession de la famille « de Verna, quelle en est la provenance et l'origine, si elles « proviennent de fonctions publiques exercées par le baron « de Verna, si elles proviennent d'acquisitions faites à des « ventes publiques ou privées, soit sous l'empire du droit « ancien, soit sous l'empire du droit intermédiaire, soit sous « l'empire du Code civil ;

« 4° Si ces pièces, bien que n'ayant pas appartenu à des
« bibliothèques ou archives publiques, proviennent cepen-
« dant des services publics de l'État, des départements ou
« des communes; si enfin, elles offrent un sérieux intérêt
« général, administratif, politique ou historique, circon-
« stances et dépendances ».

Après avoir prêté serment de bien et fidèlement remplir
notre mission entre les mains de Monsieur le Président du
Tribunal civil de première instance de Lyon, ainsi qu'il est
constaté par procès-verbal, en date du douze juin mil huit
cent quatre-vingt-dix-sept ;

INDICATION SOMMAIRE DES OPÉRATIONS DE L'EXPERTISE

Nous nous sommes réunis le même jour, à deux heures de
l'après-midi, dans une salle du Greffe du Tribunal, en présence des avoués des parties et de Monsieur Guigue, archiviste du département du Rhône, auxquels sommations avaient
été faites, le trois du même mois, par acte du Palais, par le
ministère de Donas, huissier à Lyon.

Sur la demande que nous leur avons adressée de nous faire
les observations et de nous remettre les dires qu'ils jugeraient
utiles, Monsieur Guigue nous a remis un dossier de notes et
d'extraits, qu'il nous a dit estimer de nature à nous éclairer et
à appuyer les revendications du département du Rhône, ce dont
nous lui avons donné acte.

Après quoi, en présence des susdits, il nous a été repré-
senté par le greffier une caisse et un sac qu'on nous a dit con-
tenir les documents soumis à notre examen et dont nous
avons reconnu les scellés intacts.

Nous avons ensuite, toujours en présence des susdits, procédé à l'ouverture des scellés et au récolement des documents contenus sous lesdits scellés avec les articles du Catalogue de la vente de Verna indiqués par les jugements. Ce récolement ayant amené la constatation, d'une part d'un certain nombre de déficits, et d'autre part de la présence de documents non désignés par les jugements comme devant être soumis à notre examen, nous en avons aussitôt dressé un procès-verbal et l'avons déposé au Greffe pour servir ce que de droit.

Sur l'observation qui nous a été faite par Monsieur Guigue, que l'un des documents trouvés dans les scellés, bien que non désigné dans l'expédition du jugement, le numéro 1360 du Catalogue, avait été régulièrement saisi à la requête du département de la Loire, qu'il était certainement revendiqué par ce département, ainsi que cela résulte des conclusions des parties qui nous ont été montrées, et qu'il n'avait fait l'objet d'aucune mesure spéciale, nous avons pensé que l'omission de ce numéro dans l'expédition du jugement pouvait provenir d'une erreur de copiste, et nous avons, sous toutes réserves, retenu ce document pour le joindre à ceux que nous avions mission d'examiner.

Après avoir remis sous scellés les autres documents non désignés dans les jugements comme devant être soumis à notre examen, nous avons, en l'absence des parties, procédé à l'étude de ceux qui avaient été énumérés par les jugements, puis conféré et délibéré sur les questions qui nous avaient été posées par les jugements du Tribunal civil de Lyon. Ces opérations ont continué au même lieu, les treize et quatorze juin, après quoi, ayant reconnu l'impossibilité de poursuivre notre examen et nos recherches dans le local où avaient été déposés lès documents, noùs avons replacé ceux-ci sous scellés et nous nous sommes ajournés jusqu'à ce que les mesures nécessaires eussent été prises.

En vertu d'une ordonnance des référés, de Monsieur le Président du Tribunal civil de Lyon, en date du dix-huit juin mil huit cent quatre-vingt-dix-sept, rendu sur la demande des départements, les documents ont été transportés au Dépôt des archives du département du Rhône, jusqu'à ce qu'il soit, par justice, autrement statué.

Nous nous sommes réunis de nouveau à Lyon, dans un cabinet dépendant du Dépôt des archives départementales, mis à notre disposition par Monsieur l'Archiviste, et y avons repris la suite de nos opérations le douze septembre mil huit cent quatre-vingt-dix-sept. A cette date, outre les scellés que nous avions fermés et que nous avons reconnus intacts, Monsieur l'Archiviste nous a remis :

1° Les articles signalés en déficit par notre procès-verbal de récolement du douze juin précédent et qu'il nous a dit avoir été envoyés, par le libraire Brun, au Procureur de la République ensuite d'un commencement d'enquête ; nous les avons joints aux documents précédemment saisis pour être compris dans notre examen ;

2° Une charte de 1388 et trois dossiers de pièces de procédure du xvi° siècle relatives à Crémieu. Ces documents ayant été envoyés probablement pour compléter le numéro 1502 du Catalogue, qui paraissait incomplet, nous les avons également retenus pour les comprendre dans notre examen.

Poursuivant nos opérations, nous avons, ce jour et les suivants, procédé à l'examen et à la description de chacun des articles revendiqués.

Nous nous sommes transportés, le seize du même mois, à la mairie de Crémieu, où, en présence de Monsieur Prudhomme, archiviste de l'Isère, et de Monsieur le Maire de Crémieu, nous avons procédé à diverses vérifications et constatations dans les archives de la commune.

Le dix-neuf du même mois, nous nous sommes transportés à Saint-Etienne, où, en présence de Monsieur de Fréminville, archiviste du département de la Loire, nous avons fait également diverses vérifications et constatations dans les archives du département de la Loire et à la Bibliothèque publique de Saint-Etienne.

Le vingt-deux du même mois, nous nous sommes transportés à Grenoble, où en présence de Monsieur Pilot de Thorey, archiviste-adjoint de l'Isère, en l'absence de Monsieur l'Archiviste, nous avons fait des constatations et vérifications analogues dans les Archives départementales.

Ayant ensuite continué nos opérations à Lyon, nous y avons conféré et délibéré de nouveau sur les documents soumis à notre examen, et rédigé notre rapport, arrêté à l'unanimité, sur tous les points, ainsi qu'il suit :

OBSERVATIONS GÉNÉRALES

PROVENANCE DES DOCUMENTS

Il résulte de la nature des documents soumis à notre examen, volumes ou pièces isolées, qu'ils rentrent dans la catégorie qu'on a coutume de désigner sous le nom de documents d'archives.

On désigne communément sous ce nom les pièces officielles de toute espèce : registres, chartes, correspondances publiques, etc., qui sont conservées d'ordinaire dans les dépôts d'archives et non dans les bibliothèques.

Il est vrai que les bibliothèques publiques ont recueilli un assez grand nombre de documents de cette nature, mais, dans l'espèce, il n'est pas allégué qu'aucun des documents litigieux provienne de bibliothèques publiques, et l'examen que nous en avons fait ne nous a pas révélé que cette provenance pût être attribué à aucun d'eux.

La nature de ces documents permet, dans la plupart des cas, de déterminer de quels « fonds » ils proviennent originairement.

FONDS D'ARCHIVES

On sait qu'il faut entendre par « fonds d'archives » l'ensemble des documents ayant appartenu a un établissement, à un corps, à une administration, à une famille, etc.

Cette détermination peut être souvent contrôlée :

1° Par la comparaison de documents dont on recherche la provenance avec ceux qui sont conservés dans les dépôts publics contenant tout ou partie des fonds d'où l'on présume qu'ils peuvent provenir. Les cotes anciennes (chiffres, lettres, marques diverses), ou les titres et analyses figurant souvent sur les documents, aident en particulier à cette vérification. Malheureusement, ces moyens de recherches font défaut pour un grand nombre des articles de la collection de Verna, qui ne sont que des fragments : volumes dépourvus de leurs couvertures, cahiers ou feuillets de registres, pièces mutilées, etc.;

2° Par la recherche de la mention des documents dans les anciens inventaires, lorsqu'il en existe, des fonds auxquels ils sont présumés avoir appartenu. Il faut, toutefois, observer, à propos des inventaires antérieurs à notre siècle, que, sauf exceptions, ces répertoires, dressés en vue d'une utilité pratique, ne comprenaient d'ordinaire que des documents qui constituaient des « titres », et laissaient le plus souvent de côté les séries de comptabilité, les registres, les pièces de procédure, les correspondances, etc. L'absence de toute mention d'un document de cette nature dans un inventaire ancien, ne doit donc pas faire présumer qu'il ne provient pas du fonds inventorié, ou qu'il ne s'y trouvait déjà plus au moment de l'exécution de l'inventaire.

Nous avons groupés, dans les observations qui suivent, les documents d'après leurs fonds de provenance.

OBSERVATIONS SUR LES DIVERSES CATÉGORIES D'ARCHIVES ENTRE LESQUELLES SE RÉPARTISSENT LES FONDS

Les fonds d'archives d'où proviennent les pièces soumises à notre examen appartiennent aux catégories suivantes :

Archives ecclésiastiques, archives civiles, archives communales, archives hospitalières.

Sans entrer dans la discussion juridique, qu'il n'appartient pas aux experts d'aborder, il nous a semblé que nous devions exposer les principes sur lesquels nous nous sommes réglés, dans l'examen dont nous étions chargés, et établir entre ces diverses catégories d'archives des distinctions qui nous paraissent essentielles pour déterminer les réponses que nous avons à faire aux questions qui nous sont posées.

1° *Archives ecclésiastiques.*

Les archives des établissements religieux, antérieurs à la Révolution, ont été acquises à l'État et incorporées aux archives publiques, par les lettres patentes du 27 novembre 1789 et les lois du 5 novembre 1790 (titre 3, art. 9 et 10), du 7 messidor an II et du 5 brumaire an V. Mais on admet généralement qu'antérieurement à cette incorporation elles constituaient des archives privées.

Pour qu'un document provenant d'un ancien établissement religieux puisse être légitimement revendiqué comme faisant partie du domaine de l'État, il nous paraît nécessaire de rechercher les preuves, indices ou présomptions qu'il a été effectivement incorporé aux archives publiques et n'en est sorti que postérieurement à cette incorporation. De plus, certains documents ayant été, lors des ventes de biens nationaux, remis aux acquéreurs comme titres de propriété, il y a lieu de rechercher si les documents provenant d'archives ecclésiastiques peuvent rentrer dans ce cas.

2° *Archives civiles.*

Les archives des anciens établissements, institutions, corps, juridictions ou administrations, qui sous l'ancien régime déjà dépendaient de l'État, dont le régime nouveau a été l'héritier naturel, et dont il a formé les dépôts d'archives des départements, ont toujours eu le caractère d'archives publiques. Il suit, de là, qu'il suffit d'établir qu'un document a cette provenance pour qu'il doive être considéré comme faisant partie du domaine de l'État, alors même qu'il aurait été détourné de son dépôt d'origine avant la constitution des archives départementales et aurait passé par les mains d'un ou de plusieurs possesseurs de bonne foi.

Cependant, il peut y avoir lieu de tenir compte, dans l'appréciation du droit de propriété de l'Etat, de ce fait que des documents ont été parfois aliénés, soit sous l'ancien régime par les établissements qui en étaient propriétaires, soit depuis par l'État ou par ses mandataires.

On peut estimer que, dans ce cas, il s'est produit, à l'égard de ces documents, une sorte de déclassement et que l'État serait mal fondé à revendiquer des documents précédemment aliénés par lui ou dont il aurait expressément ou tacitement autorisé l'aliénation.

3° *Archives communales.*

Les communes actuelles ayant succédé sans intermédiaire aux municipalités de l'ancien régime, il semble évident que, s'il est prouvé qu'un document provient d'un dépôt d'archives communales, cela peut suffire à établir le droit de propriété de la commune, sans qu'il soit nécessaire de déterminer, s'il est sorti de son dépôt d'origine avant ou depuis la Révolution, ou de rechercher si l'acquéreur ou le possesseur ont été de bonne foi.

4° *Archives hospitalières.*

Il ne nous semble pas douteux que les archives des hospices et hôpitaux ont constitué, même sous l'ancien régime, des « archives publiques ». En effet, toute une série de dispositions législatives, depuis le xvi° siècle, a eu pour objet de faire nommer les administrateurs des hôpitaux par les baillis, sénéchaux ou autres magistrats ou fonctionnaires, de soumettre leur administration à la surveillance des agents de l'État et spécialement au contrôle financier des Chambres des Comptes, et témoignent ainsi que ces établissements étaient dès lors considérés comme des établissements publics.

Les documents qui proviennent de leurs archives, à quelque époque et de quelque manière qu'ils en soient sortis, doivent donc, nous semble-t-il, être considérés comme faisant partie du domaine public, et il suffit d'en établir la provenance pour qu'ils puissent être valablement revendiqués.

LA COLLECTION DE VERNA

Formation de la collection de Verna.

Il est assez difficile de déterminer, avec précision, depuis quelle époque les pièces saisies ont été en possession de la famille de Verna. Cependant, si on examine avec soin les diverses hypothèses possibles, il en est plusieurs que l'on peut éliminer, et l'on arrive ainsi à une certaine approximation.

La préface du Catalogue de vente et divers articles de journaux ont allégué que, parmi ces documents, les uns étaient des papiers de famille ou étaient arrivés entre les mains de divers membres de la famille de Verna, à raison des fonctions publiques qu'ils avaient remplies ; que d'autres avaient été arrachés à la destruction et sauvés au temps de la Révolution.

Or, il résulte avec évidence de l'étude que nous avons faite des documents saisis, qu'aucun d'eux ne peut rentrer dans la catégorie des papiers de famille ; et, qu'à l'exception de quelques lettres relatives aux événements de 1830, aucun d'eux ne peut être parvenu entre les mains d'un membre de la famille de Verna, à raison de fonctions publiques exercées par lui.

Il nous a paru non moins certain que ce n'est pas pendant la période révolutionnaire que ces documents ont pu être recueillis par un membre de la famille de Verna. Si l'on considère, en effet, d'une part, que plusieurs des dépôts d'où ils proviennent, ont traversé cette époque sans subir de dommages ; que les saisies d'archives ecclésiastiques ont été opérées, à Lyon, avec une régularité et une précision exceptionnelles ; que les documents saisis ne rentrent pas dans la catégorie de ceux qui auraient pu être délivrés comme titres de propriété aux acquéreurs de biens nationaux; que la plupart n'étaient pas de ceux dont le Gouvernement d'alors prescrivait la destruction, et que, du reste, les titres que les autorités révolutionnaires ont prescrit de brûler, l'ont été effectivement, comme le constatent des procès-verbaux; si l'on considère, d'autre part, qu'à cette époque, le chef de la famille, Joseph Dauphin de Verna, mourait décapité sur l'échafaud révolutionnaire de Lyon, le 26 décembre 1793, et que ses héritiers s'occupaient à tenter de sauver de la confiscation une partie de leurs biens (Archives du Rhône, série Q), on tombera d'accord que ce n'est pas alors qu'ils ont pu profiter des mesures révolutionnaires pour recueillir de vieux titres et collectionner des documents historiques.

Il est certain, en outre, que le dernier possesseur de la collection, le baron Louis-Marie-François Dauphin de Verna, né en 1808, et décédé le 2 février 1895, n'est pas celui qui l'avait formée. A cet égard, les témoignages sont unanimes. Il est de notoriété publique qu'il ne s'intéressait ni aux livres rares, ni aux manuscrits, encore moins aux documents, et que s'il n'avait pas totalement oublié qu'il en possédait une riche collection dans sa bibliothèque, il la négligeait au point d'en laisser ignorer l'existence, même à ceux de ses voisins, avec lesquels il entretenait de bonnes relations et qui auraient eu le plus d'intérêt à la connaître, et d'en écarter les curieux qui s'adressaient à lui. « Monsieur de Verna aîné, écrivait en 1849 Monsieur Coste à Auguste Bernard, qui souhaitait la communication des épaves des archives de Savigny, échouées à Hautepierre, « M. de Verna n'est pas bibliophile et ne paraît « pas s'occuper de l'histoire de notre province. Il n'a pas « voulu vendre les livres de son père par respect pour sa « mémoire, et les a religieusement déposés dans son château ». (Biblioth. de St-Étienne, *Corresp. d'A. Bernard*, tome X, p. 109.)

Ces conjectures éliminées, ne devient-il pas évident que celui qui a formé la collection ne peut être que le père du dernier possesseur, le baron Victor-Dauphin de Verna, né à Verna, près Crémieu, le 28 juillet 1775, qui fut, sous la Restauration, premier adjoint de Lyon et député du Rhône, et qui mourut à Lyon, le 17 juin 1841 ? De nombreux cahiers, écrits de sa main, qui figuraient dans la vente de novembre 1895, témoignent de l'intérêt qu'il portait à l'histoire de sa province, à celle de la ville de Crémieu, surtout à l'histoire et aux généalogies de sa famille et des familles de Ferrus, de Butery et de Chaponnay, qui lui étaient alliées. Il vécut à Lyon à une époque où, bien plus que pendant la Révolution, les collections publiques étaient à l'abandon, à la merci des collectionneurs ou même livrées au pillage.

Aug. Bernard, dans une de ses lettres à l'archiviste Gauthier, ne craint pas de le désigner comme « l'un des spoliateurs

des archives de Lyon ». (Lettre du 26 janvier 1851. Bibl.
de St-Étienne. *Corresp. d'A. Bernard*, tome XII, fol. 7);
il fut, en 1827, comme premier adjoint, l'un des intermédiaires
de l'acquisition, par la ville, des collections de l'abbé Sudan
(voyez plus loin, p. 19); enfin, M. Coste, dans une lettre
à Auguste Bernard, citée plus loin (voir page 44), le désignait
comme l'acquéreur, à la vente Sudan (vente probablement
clandestine), des manuscrits de Savigny, que nous retrouvons
parmi les documents saisis.

De l'ensemble des observations faites sur chaque groupe
des documents qui nous ont été soumis, il semble résulter qu'à
Crémieu, au commencement du siècle (ses plus anciennes
notes à ce sujet, sont datées de 1802), il emprunta aux
archives communales, hospitalières et ecclésiastiques, déposées à l'Hôtel de Ville, des documents qu'il négligea de
rendre, et que plus tard, à Lyon, sous la Restauration, s'il ne
détourna pas lui-même des archives les pièces aujourd'hui
revendiquées, il ne résista pas à l'occasion qui s'offrait à lui,
non plus que d'autres amateurs lyonnais, ses contemporains,
d'acquérir soit directement des auteurs des détournements,
soit par l'intermédiaire des libraires, soit dans des ventes, des
documents dont la provenance suspecte aurait pu être aisé-
ment vérifiée.

Nous passerons successivement en revue les documents
soumis à notre examen, en les répartissant en groupes d'après
les dépôts d'où ils sont présumés provenir, et en subdivisant
chacun de ces groupes par fonds, d'après les indications
données ci-dessus.

§ 1. — DÉPARTEMENT DU RHONE

Observations préliminaires.

Les documents revendiqués par le département du Rhône sont tous présumés provenir du dépôt des Archives départementales.

Avant de passer en revue, en les groupant d'après leurs fonds d'origine, les documents revendiqués par le département du Rhône, il nous a paru utile d'exposer brièvement l'histoire de la formation du dépôt départemental des archives et de rechercher l'époque à laquelle il a dû subir les déprédations dont semblent provenir une partie au moins des pièces saisies.

En exécution des lettres-patentes de novembre 1789, qui avaient prescrit aux monastères et chapitres de déposer aux greffes des juges royaux ou des municipalités les états et catalogues de leurs bibliothèques et archives, d'affirmer ces états véritables et de se constituer gardiens de leurs livres et manuscrits, la municipalité de Lyon délégua des officiers municipaux qui se transportèrent dans les divers établissements ecclésiastiques de la ville, s'y firent livrer les inventaires, d'après lesquels ils procédèrent à des récolements et qu'ils paraphèrent, et, enfin, constituèrent une ou plusieurs personnes, généralement les bibliothécaires ou archivistes, gardiens des dépôts. Ces opérations, accomplies à Lyon avec une régularité remarquable, marquent, nous semble-t-il, le moment où ces dépôts d'archives ont pris un caractère public. Après la suppression des ordres religieux, la municipalité procéda de même à la saisie et au transfert de leurs archives ; de nombreux procès verbaux, conservés aux archives du Rhône, témoignent de l'ordre et de la régularité avec lesquels s'accomplirent également ces opérations, qui durèrent du 31 août 1790 au 30 septembre 1791. Déposées d'abord aux Feuillants, les archives ecclésiastiques rejoignirent, en 1796, en vertu de la loi du 5 brumaire an V, celles d'autres corps et établissements supprimés, qu'on avait déposé successivement, depuis 1792, dans les combles de l'Hôtel de Ville. Ce fut ainsi que se constituèrent les Archives départementales. Lors de la création des préfectures, en l'an VIII, elles furent déménagées une première fois et transportées dans d'autres greniers, pour faire place à des bureaux de la nouvelle administration. Là, l'écroulement des planchers, en l'an X, leur sauvetage d'un incendie en l'an XI, contribuèrent à les bouleverser. D'autres causes, pendant cette première période, avaient dû les appauvrir, les mesures révolutionnaires d'abord : brûlement des titres entachés de féodalité, envoi aux arsenaux de parchemins de grandes dimensions, délivrance de titres de propriété aux acquéreurs de bien nationaux, ventes de papiers inutiles (on verra plus loin qu'après un examen minutieux, aucune des pièces qui nous ont été soumises, à l'exception peut-être du numéro 1309, ne nous a paru rentrer dans ces catégories) ; il y faut ajouter les pertes résultant presque nécessairement des transferts, des déménagements et des triages successifs ; et, cependant, il nous a paru que toutes ces vicissitudes ont dû avoir pour résultat de bouleverser les archives, de confondre les différents fonds, d'y mettre le désordre et de les exposer à la destruction sur place par l'abandon, la pourriture et la dent des rongeurs, plutôt que les disperser. La curiosité pour les documents historiques ne s'était pas encore réveillée, et c'est au commencement du siècle seulement que durent commencer les déprédations.

Dès 1804, un rapport de l'archiviste Ferrand (nommé en 1802), rapport cité par L. Niepce, dans son livre sur *Les Archives de Lyon* (Lyon 1875, p. 170), fait un lamentable tableau de l'état du dépôt, et se plaint de ce que, « ouvert à tout le monde, il est à la disposition des curieux et des intéressés ». Peu de temps après, les archives subirent un déménagement nouveau et furent transportées dans le nouvel Hôtel de Préfecture, situé rue Sala, puis, en 1819, elles suivirent encore la Préfecture dans l'ancien couvent des Jacobins, où elles demeurèrent jusqu'en 1858. Ni dans l'un, ni dans l'autre de ces locaux, elles ne trouvèrent un abri plus sûr et ne furent mieux gardées qu'auparavant. Aug. Bernard a raconté comment les salles où elles se trouvaient aux Jacobins servaient de passage, en quelque sorte public, et étaient utilisées comme vestiaires à chacune des réceptions du Préfet. On peut penser combien cet état de chose était susceptible de favoriser les pertes et les détournements, mais le pis, c'est que pendant longtemps ceux qui furent chargés de la garde et de la conservation de ce dépôt, semblent avoir donné l'exemple de la négligence et des distractions.

Il est de notoriété publique, à Lyon, que l'un des premiers archivistes, qui, s'il ne fut jamais officiellement chargé de la garde du dépôt départemental, eut du moins à y remplir plusieurs missions, et y conserva toujours ses libres entrées; l'abbé Sudan, fut l'un de ceux qui contribuèrent le plus à l'appauvrir.

Archiviste et bibliothécaire du Chapitre métropolitain avant la Révolution, réintégré dans son emploi en 1807, l'abbé Sudan le cumula avec celui d'employé aux Archives de la ville, abandonna l'un et l'autre en 1824, et mourut le 1er avril 1827. Grand copiste et amateur de manuscrits, on s'accorde à dire qu'il profitait de l'état d'abandon où se trouvaient les archives pour emporter chez lui les documents qu'il se proposait d'étudier, et négligeait ordinairement de les réintégrer. Ses papiers, acquis depuis par la ville, et de nombreuses notes de sa main qu'on retrouve dans tous les fonds des archives, montrent que la plupart des documents lui ont passé sous les yeux ; ses fonctions, du reste, l'avaient appelé à les compulser. L. Niepce rapporte en effet (ouvr. cit. p. 135), que l'abbé Sudan avait été chargé « de retirer de tous les dépôts, « et spécialement des archives du département, tous les « titres, pièces, manuscrits, plans, documents, et autres « objets quelconques qui pouvaient appartenir à la ville ». On ne manque pas de renseignements sur la façon singulière dont il paraît avoir accompli cette mission.

L'archiviste Gauthier annonçant, en 1852, à Auguste Bernard, que le département était rentré en possession de pièces indûment déposées aux archives municipales, écrivait : « J'ai appris depuis peu comment ces titres se trouvaient à l'Hôtel de Ville ; c'est M. Péricaud (bibliothécaire de la ville), qui m'a raconté cela. Monsieur Sudan avait emprunté ou pris ces papiers pour travailler chez lui ; il mourut avant d'avoir terminé son travail, et M. Péricaud les fit porter à l'Hôtel de Ville ». (Bibl. de St-Étienne, *Corresp. d'A. Bernard*, t. XIII, folio 148.) L'éditeur anonyme des *Inventaires du trésor de l'Église de Lyon*, de 1448 et 1784 (Lyon 1877), expose, dans sa préface (p. vi), que ces inventaires faisaient partie des registres capitulaires de Saint-Jean, conservés aux Archives du Rhône ; il ajoute en note : « Ces deux catalogues, « arrachés de leur registre (non pour les voler, mais pour « les lire avec plus de commodité par un savant, laborieux « publiciste et archiviste, mort en 1827), n'ont été restitués « qu'en 1870 ». Il s'agit incontestablement de l'abbé Sudan, ainsi qu'en témoigne l'indication de la date de sa mort, survenue, en effet, le 1er avril 1827. Quelques mois plus tard, en vertu d'un traité, en date du 28 août 1827, la ville de Lyon acquit de son héritier, M. Michel Sudan, chef de division à la Préfecture du Rhône, après examen fait de ses collections par diverses personnes, et notamment par Monsieur Victor de Verna, alors premier adjoint, ainsi qu'il est spécifié au traité, non seulement les livres et les manuscrits de l'abbé Sudan, mais une quantité considérable de documents d'archives (désignés au traité en termes fort vagues), moyennant la somme de 2,400 francs, prix dérisoire, même à cette époque, et qu'on ne saurait expliquer que s'il devait ne représenter, en réalité, que les livres et les travaux personnels, la cession du surplus étant très vraisemblablement une restitution dissimulée.

Malgré la clause du traité, stipulant que l'héritier de l'abbé Sudan cédait, à la ville, « la *totalité* des brochures, imprimés, « registres et manuscrits provenant de la succession de son « frère. . . . . ., *sans s'y rien réserver ni retenir* », il dût y avoir une autre vente, car une lettre du bibliophile Coste à Aug. Bernard, que nous avons eu l'occasion de mentionner déjà, et que nous citerons plus loin (voy. p. 44), dit qu'à cette vente Victor de Verna et lui se trouvèrent en concurrence.

Mais, malgré nos recherches, il nous a été impossible de trouver sur ce point des renseignements précis, et, à une demande qui lui fût adressée par M. le Préfet du Rhône, M. le Directeur de l'enregistrement a répondu n'en avoir trouvé nulle trace dans les archives de son administration.

L'archiviste du département, à la même époque, paraît avoir été encore plus coupable. Dans un rapport adressé au Conseil général, en août 1872, M. l'archiviste Gauthier s'exprime ainsi sur le compte de son prédécesseur :

« M. Cochard, conseiller de Préfecture, s'occupa bénévolement des archives pendant quelques années avant la Restauration. Son passage aux archives fut désastreux ; par son fait et sa négligence, probablement involontaire, les archives furent dépouillées d'un grand nombre de titres les plus précieux ».

M. L. Niepce, qui devait être bien renseigné et n'avait pas à garder les mêmes ménagements qu'un archiviste dans un rapport officiel, est plus précis encore (ouvr. cit. p. 177) :

« Les documents les plus précieux, dit-il, furent surtout perdus
« pour les archives par le fait d'un conseiller de préfecture qui
« faisait, avant la Restauration, les fonctions d'archiviste. Ce
« fonctionnaire écrivait des notices historiques très intéres-
« santes et très estimées sur les localités du département. Pour
« faciliter son travail, il emportait chez lui les manuscrits et
« documents qui lui étaient nécessaires, et il oubliait ensuite ou
« négligeait de les restituer. A sa mort, ses héritiers vendirent
« ces manuscrits, de bonne foi sans doute, comme apparte-
« nant à sa succession. De là la perte très regrettable des Car-
« tulaires d'Ainay et de Savigny, du Livre des compositions du
« Forez, de l'Inventaire et du *Liber Consuetudinum* de

« l'abbaye de Savigny, etc., etc..... Ces monuments heureuse-
« ment n'ont pas été détruits encore ; les deux premiers fai-
« saient partie de la bibliothèque Coste, acquise par la Ville
« sous l'administration de M. Vaïsse ; le second a été acheté
« par la ville de Saint-Etienne ; les autres appartiennent
« aujourd'hui à des particuliers. (Ce dernier membre de phrase
« est certainement une allusion à la Collection de Verna.) Il
« suffit de parcourir le catalogue de la bibliothèque Coste dont
« je viens de parler pour se rendre compte des nombreuses
« soustractions opérées dans les Archives du Rhône pendant
« que ce dépôt n'était soumis à aucune espèce de surveil-
« lance ».

Moins réservé dans ses lettres privées que dans ses rapports,
l'archiviste Gauthier ne craignait pas d'écrire, en 1852, à
Aug. Bernard : « Il est hors de doute que les Archives du
« Rhône ont été mises à une espèce de pillage du temps de
« M. Cochard ». (*Corresp. d'A. Bernard*, t. XIII, fol. 107.)

Et ailleurs, à propos de documents des archives venus dans la
bibliothèque Coste par l'intermédiaire de Cochard : « Ç'a été
« écrivait-il, une longue et scandaleuse volerie ». (*Ibid.*
t. XIV, fol. 512.)

La bibliothèque Cochard fût vendue aux enchères après sa
mort, survenue en 1834 ; un catalogue de vente en fut imprimé ;
il ne contient à vrai dire presque aucun des documents qu'on
se serait attendu à y voir figurer, mais un passage de la préface en donne la raison en ces termes : « On sera peut-être
« étonné de voir aussi peu de manuscrits dans le cabinet de
« M. Cochard, mais cette partie a été l'objet d'une disposition
« particulière ». Cette « disposition particulière » aurait été,
d'après Aug. Bernard, une vente « sous le manteau de la che-

« minée...., présents seulement quelques amateurs afin d'éviter
« l'œil de l'autorité ». (Lettre à l'archiviste Gauthier, du 5 janvier 1852. *Corresp. d'A. Bernard*, t. XIII, fol. 1.)

La comparaison du catalogue imprimé de la vente Cochard
avec le catalogue de la vente de Verna montre que M. Victor de
Verna devait avoir fait plusieurs acquisitions à cette vente ; il
semble probable qu'il devait en avoir fait davantage à la vente
des manuscrits.

Mais sur cette vente présumée clandestine, l'archiviste Gauthier chercha vainement à se renseigner : « Je voulais, écrit-il,
« le 7 février 1850, à Aug. Bernard, vous donner, sur la vente
« des livres de Cochard, des renseignements que je n'ai pu me
« procurer. Personne ne sait rien, peut-être ne veut-on rien
« savoir... » (*Corresp. d'A. Bernard*, t. XIII, fol. 82.)

Nous ne pouvions guère espérer être plus heureux que l'archiviste de 1850, et pour cette vente comme pour celle de
l'abbé Sudan, nous n'avons pu recueillir que des on-dit trop
incertains et trop vagues pour être rapportés ici.

Claude Chelle, archiviste du Rhône de 1834 à 1848, semble
n'avoir guère mieux compris ses devoirs que son prédécesseur :
le fait seul qu'il put cumuler pendant plusieurs années ses
fonctions d'archiviste départemental avec celles de bibliothécaire de M. Coste donne prise à bien des soupçons.

A propos des titres de Savigny, que recherchait Aug. Bernard, l'archiviste Gauthier lui écrivait, le 15 mars 1850 :
« M. Collombet (c'est le nom d'un savant lyonnais d'alors) m'a
« dit avoir vu chez Mᵐᵉ Chelle, après la mort de son mari, des
« pièces assez nombreuses qui appartiennent au fonds de cette
« abbaye ». (*Corrésp. d'A. Bernard*, t. XI, fol. 148.)

Le désordre cessa aux archives du Rhône avec la nomination de M. Gauthier, le 25 mars 1848.

De toutes les observations que nous avons groupées, il résulte que les opérations de saisie et de centralisation des archives dévolues à la nation se sont faites dans le Rhône avec soin, ordre et méthode, mais qu'à partir du moment où le dépôt des Archives départementales a été constitué, il y régna le plus grand désordre, et qu'en particulier, sous le premier Empire, sous la Restauration, sous le Gouvernement de Juillet et jusqu'en 1848, elles ne cessèrent d'être, pour ainsi dire, à l'abandon, ou même d'être dilapidées par ceux qui en avaient la garde.

A. — *Bureau des Finances de Lyon* (Série C).

Il existe de ce fonds aux archives du Rhône (C. 400) un ancien inventaire dressé entre 1788 et 1790. Les documents qui le composent ont été compris dans le t. Ier de l'*Inventaire sommaire des Archives du Rhône* publié en 1864.

N° 1309 du Catalogue. — Documents relatifs aux logements militaires à la Guillotière en 1630. Ordres du Gouverneur militaire de Lyon; rôles des logements et certificats des maréchaux des logis. — Huit liasses comprenant ensemble 32 pièces papier.

L'ancien inventaire de 1790 contient (t. IV, p. 98), la mention suivante, qui pouvait faire croire que ces pièces provenaient des Archives du Bureau des Finances : « Autre liasse « contenant les rôles du logement de différentes compagnies « de gens de guerre par étapes, avec des états au vrai des « recettes et dépenses pour l'année 1630 ».

D'autre part, on trouve sous la cote C 666, aux Archives du

Rhône, des rôles de logement concernant des localités autres que la Guillotière, rôles qui ont pu donner à penser que le dossier de la collection de Verna devait combler une lacune de cette série.

Toutefois, si l'on compare attentivement les liasses saisies avec leurs analogues du Bureau des Finances, on remarquera que celles-ci sont essentiellement des pièces financières et comportent toujours des états de frais qui font défaut dans les autres, dont chacune se compose invariablement d'un ordre du Gouverneur, de rôles de logements, de certificats des maréchaux des logis. En outre, les cotes anciennes (un numéro en chiffres romains suivi d'un autre en chiffres arabes) des liasses de la collection de Verna n'ont pas d'analogues dans celles des Archives du Rhône.

Nous sommes portés à croire que ces dossiers devaient être retournés au Gouverneur, et qu'ils ont dû par conséquent faire partie des archives du Gouvernement militaire de Lyon. Nous ignorons le sort de ces archives, dont on ne trouve que quelques rares débris, les uns dans les Archives départementales, les autres dans les Archives de la ville de Lyon. Il est probable qu'elles ont été dispersées avant la formation du dépôt départemental. Il semble impossible de déterminer comment une épave a pu parvenir dans la collection de Verna. Il est possible que ces liasses aient été comprises dans quelques-unes des ventes de papiers considérés comme inutiles, faites sous la Révolution et qui n'ont probablement pas toutes laissé de traces. Dans le doute où l'on se trouve quant à leur origine, il ne semble pas que le département puisse exercer à leur égard une revendication valable. Ces documents sont du reste de peu de valeur et sans grand intérêt.

Nᵒ 1363. — Terrièr de Saint-Germain-Laval, renouvelé au profit du Comte de Forez, en 1351. — Un vol. relié d'ais de bois couverts de toile, comprenant 162 feuillets papier. Un foliotage ancien en compte 121. Sur la couverture, étiquettes portant les mentions suivantes : « Saint-Germain-Laval, renouvelé l'an mil CCCLI — Armoire Abel — Saint-Germain-Laval », et au dos : « Nᵒ 1 ».

La provenance de ce registre ne saurait être douteuse. Il contient en effet, au folio 2, la mention suivante : « Paraffé par nous, président des Trésoriers de France de Lion et commissaires nommés par S. M. pour les terriers de ses domaines, le 2 février 1692. (Signé) Pianello Besset ».

Or, on sait que Pianello Besset de la Valette, président des Trésoriers de Lyon, avait été chargé d'exécuter un arrêt du Conseil d'Etat du 15 décembre 1691, ordonnant le transfert au Bureau des Finances de Lyon des Archives de la Chambre domaniale du Forez. Il a dressé de cette opération un procès-verbal conservé aux Archives du Rhône (C. 648) intitulé : « Prise en charge par Pianello Besset, le 4 février 1692, des Archives de la Chambre des Comptes de Montbrison par le Bureau des Finances de Lyon », dans lequel est compris le terrier de Saint-Germain-Laval. Ce terrier est encore mentionné dans les termes suivants dans l'Inventaire de 1788-90 : (t. II. Arch. du Rhône, C. 398, fol. 195, vᵒ) : « Chatellenie de « Saint-Germain-Laval, armoire Abel, vol. 1. Un terrier de « ladite chatellenie en latin, couvert en basane sur deux pla « teaux de bois, contenant, suivant sa cote, 121 feuillets écrits « et non écrits, commençant par son préambule de 1351 et « par la réponse de Jean Collet, et finissant par celle de Jean « de Bussy, signé à la fin : Roberty ». Cette description très

exacte prouve que notre terrier figurait encore au moment de
la Révolution dans les archives du Bureau des Finances de
Lyon. La conservation des terriers domaniaux avait trop d'intérêt pour que l'on puisse supposer qu'un document de cette
nature ait pu être compris dans une vente de papiers sous la
Révolution (1) ; il est donc certain qu'il a dû se trouver parmi
les documents du Bureau des Finances, incorporés aux archives départementales ; mais on perd sa trace à dater de ce
moment, et il semble impossible de déterminer à quelle époque
et comment il en a été détourné. Quoi qu'il en soit, cet impor-
tant document du XIVᵉ siècle est de ceux qui, ayant appartenu
dès l'ancien régime à un service public, doit être considéré
comme faisant partie du domaine public.

Il resterait à déterminer s'il devrait être attribué au département du Rhône ou au département de la Loire, qui le revendi-
que également. En effet, en vertu d'une décision ministérielle
du 6 septembre 1854, le département du Rhône a dû remettre
au département de la Loire ce qu'il possédait des archives de
la Chambre des Comptes de Montbrison et notamment les terriers des chatellenies. Il nous a semblé que, sans résoudre la
question, nous devions cependant la signaler.

---

(1) Voy. le rapport fait au Conseil général de Rhône-et-Loire, le 15 octobre 1792, par l'un des administrateurs du département, pour proposer une
vente de vieux papiers. Après avoir énuméré les catégories de pièces dont on
doit, à son avis, se débarrasser, il ajoute : « J'ai lieu de penser que vous ne
surchargerez point vos archives de ce fatras inutile de papiers..... Il en est
cependant qui sont dans le cas d'être conservés : ceux qui peuvent constater
des propriétés légitimes publiques ou particulières ; il faut en faire le choix et
les classer dans nos archives ». Les terriers rentraient évidemment dans
cette catégorie. (*Procès-verbaux des séances du Conseil général du département de Rhône-et-Loire*, t. II, p. 159.)

Nº 1383. — Etat des redevances payées au roi de France pour droit de garde royale, par les habitants du Lyonnais, du Forez et du Roannais, de 1407 à 1410. — Neuf cahiers en parchemin, déreliés, constituant des fragments d'un registre in-fol., commençant au fol. 9 et finissant au fol. 213, avec de nombreuses lacunes.

Ce document, comme le précédent, provient certainement du fonds de la Chambre des Comptes de Montbrison, réuni en 1692 à celui du Bureau des Finances de Lyon, mais comme il est incomplet et dépourvu de couverture, on n'y retrouve pas la cote ancienne des documents de ces archives. La « Prise en charge », de Pianello Besset (Archives du Rhône, C 648) ne le désigne pas expressément, mais il a dû faire partie des documents et volumes indiqués en bloc aux folios 14 vº et 15. Il n'est pas expressément désigné non plus dans l'inventaire de 1788-90. Il semble impossible de déterminer comment il a pu arriver dans la collection de Verna.

Néanmoins, comme il n'est pas douteux que ces fragments d'un très beau registre, qui constituent un document fort intéressant au point de vue historique, proviennent d'un service public de l'Etat, et comme les documents de ce genre n'ont pas dû être compris dans les ventes faites sous la Révolution, nous estimons qu'il doit être considéré comme appartenant au domaine public.

B. — *Fonds de la Poype* (Série E).

Nº 1403. — Fragment d'un terrier reconnu par Claude de la Poype, seigneur de Serrières, de 1518 à 1521, sur des fonds situés à Crémieu et aux environs. — Deux cahiers de papier détachés d'un registre et comprenant les feuillets 87 à 100 et 165 à 180.

Les Archives du Rhône ont recueilli les archives de la maison de la Poype, probablement saisies à l'époque de la Révolution. Il existe dans ce fonds un inventaire des titres de la maison de la Poype, mais incomplet, ce qui explique que nous n'y ayons pas trouvé mention de ce terrier. Par contre, le dossier 12 de ce fonds consiste en un fragment du même terrier comprenant les feuillets 101 à 116. Le format, la justification, l'écriture et plus spécialement les lettres ornées, la foliotation, la numérotation des cahiers et jusqu'aux trous pratiqués pour la reliure s'accordent à montrer que le fragment des Archives du Rhône et celui de la collection de Verna faisaient partie du même registre. On ne saurait déterminer à quelle époque et comment ce fragment est arrivé dans la collection de Verna, mais le fait que ce sont les feuillets concernant Crémieu qui s'y retrouvent explique l'intérêt que le baron de Verna a eu à les faire entrer dans sa collection.

Il semble bien probable, dans tous les cas, que ces cahiers ont dû être détournés des Archives du Rhône, et que c'est à bon droit qu'ils sont revendiqués par le département.

C. — *Fonds du Chapitre métropolitain de Lyon* (SÉRIE G).

N° **1297**. — Volume comprenant : 1° Table de noms propres commençant à la lettre C (Cologniaco) ; — 2° *Nomina et cognomina archiepiscoporum et canonicorum Lugdunensium, qui in veteribus membranis ecclesiæ Lugdunensis reperiri potuerunt ab anno D. 1209 ad annum 1349* ; — 3° Liste de preuves de noblesse jusqu'en 1573 ; — 4° Supplément à la liste précédente de 1476 à 1545; — 5° Liste des chanoines de l'église de Lyon devenus souverains pontifes. — Registre en papier, dérelié, non folioté au début, folioté à partir du milieu environ. Armoiries en couleurs. Sur le premier feuillet cote ancienne : vol. 51 n° 3, raturée d'une encre plus récente.

Il est facile de faire la preuve que ce volume provient des archives du Chapitre métropolitain de Lyon. L'inventaire de l'église de Lyon, présenté au Chapitre général, le 11 novembre 1767, par l'archiviste Lemoine (Arch. du Rhône, fonds du Chapitre), contient (fol. 383), sous la cote : Armoire Aaron, volume 51, n° 3, la mention suivante : « Un autre cahier, ayant à son commencement une table depuis la lettre C, dans laquelle on lit, quelques feuillets après la table, l'intitulé suivant : *Nomina archiepiscoporum et canonicorum Lugdunensium quæ in veteribus membranis ecclesiæ Lugdunensis reperiri potuerunt ab anno D. 1209 ad annum 1349.* On y trouve quelques armoiries ». L'identification de ce document avec celui de la collection de Verna, résulte à l'évidence de cette description, de l'identité de la cote, et de l'indication de la mutilation qu'avait déjà subie la table initiale.

Un récolement des archives, d'après l'inventaire de 1705, eut lieu en 1790, ainsi qu'il est attesté par la mention suivante, écrite à son dernier feuillet : « Paraphé par nous, officiers municipaux, en conséquence de notre procès-verbal de ce jour, 9 juillet 1790 (signé) : Granier, Fulchiron, Charmetton ». Ce récolement avait eu lieu en exécution des lettres patentes du 27 novembre 1789, qui avaient prescrit que, dans tous les monastères et chapitres où existaient des archives, ces monastères et chapitres seraient tenus de déposer, au greffe des juges

royaux ou des municipalités les plus voisines, les états ou cata
logues desdites archives, d'affirmer lesdits états véritables, de
se constituer gardiens des livres et manuscrits compris auxdits
états, enfin, d'affirmer qu'ils n'ont pas soustrait et n'ont pas
connaissance qu'il ait été soustrait aucun des livres et manuscrits qui étaient dans lesdites archives. On doit donc considérer
le paraphe des officiers municipaux, à la fin de l'inventaire
de 1705, comme le signe de la prise en charge par l'Etat des
archives du Chapitre métropolitain de Lyon, qui, dès lors, doivent être considérées comme archives publiques.

La saisie en fut faite quelques mois plus tard, ainsi que le
constatent les « procès-verbaux de saisie de titres et papiers
du Chapitre de Saint-Jean, des 10, 19, 21 et 22 mars 1791 »,
conservés aux Archives du Rhône, qui montrent que cette
opération fut faite avec le plus grand soin.

On doit conclure de tout cela que le document devait se
trouver encore dans les archives du Chapitre à la date du récolement du 9 juillet 1790. On ne saurait dire à quelle époque il
en a été distrait ni comment il est entré dans la collection de
Verna.

Peut-être, cependant, une note qui figure sous le titre permet elle de former à ce sujet une conjecture vraisemblable.
Cette note qui est l'indication de l'auteur de l'ouvrage est
ainsi conçue : *A domino Gaspardo Mitte camerario ecclesiæ,
ex. ms. P. Bullioud* ». Elle est certainement de la main de
l'abbé Sudan ; la comparaison de l'écriture avec celle des nombreux manuscrits de cet auteur qui se trouvent aux archives de
la ville de Lyon ne nous a laissé aucun doute à ce sujet.

Nous avons dit plus haut ce qu'était l'abbé Sudan. Ne devient-il pas dès lors assez vraisemblable que ce volume, ainsi

annoté par l'abbé Sudan, a dû être détourné par lui postérieurement à 1790, et qu'il a passé de sa collection dans celle du baron de Verna vers 1827, sinon à la faveur de la cession de ses papiers à la Ville, du moins lors de la vente dont il est question dans la lettre de Coste que nous avons citée.

Il semble certain de plus que ce registre est celui que le Ministre de l'Intérieur signalait, le 15 mars 1816, comme devant se trouver aux Archives du Rhône, dans une dépêche au Préfet (citée par L. Niepce, *Les Archives de Lyon*, p. 635), où il demandait la recherche et l'inventaire des titres de la primatiale. « Il doit exister, disait le Ministre, un énorme in-« folio dans lequel sont peintes les armoiries blasonnées avec « les prénoms et noms d'une partie de la noblesse de France ». L. Niepce ajoute qu'il a cherché vainement ce volume vers 1875 à l'Archevêché et aux Archives départementales.

N° 1310. — Registre contenant les noms, surnoms et seings de notaires de l'officialité de Lyon, du 20 sept. 1431 au 7 nov. 1441. — Registre parchemin, relié en basane rouge. On remarque sur le premier feuillet, dans le coin supérieur de droite, plusieurs mots disposés sur cinq lignes grattées, mais où des réactifs nous ont permis de lire une cote : « vol. 34 », et à côté cette mention : « année 1436 ».

L'inventaire des titres de l'église de Lyon du xvııı° siècle, cité plus haut, décrit en ces termes ce document (fol. 34) : « Armoire Elias, vol. 34, n° 2 (c'est bien la cote effacée dont « nous avons pu lire une partie), un volume en parchemin « couvert en basane rouge, où sont écrits les noms des notaires « et jurés qui ont été reçus à la cour de M. l'Official de Lyon, « M. Amédée de Thalaru étant archevêque et président de

« ladite cour, M⁰ Pierre Thaumes étant official, M. Barthélemy
« Boucher concustode de Sainte-Croix tenant le sceau, M. Jean
« Themolet notaire, proclamateur et audiencier. — C'est un
« matricule de notaire ou un recueil des écritures, signatures,
« signets ou marques des notaires différents qui étaient alors
« et qui ont été sans doute ainsi recueillis pour en faire la
« comparaison avec les actes émanés de leur part et éviter la
« fraude ».

Nous citons in-extenso cette longue mention parce qu'elle est
la traduction d'une note en latin qui se trouve au fol. 1 du
document. Le récolement de 1790, attesté par les paraphes des
officiers municipaux, témoigne que ce très précieux registre
figurait alors dans les archives, et que, dès lors, il a été incorporé, avec le reste des archives de Saint-Jean aux archives de
l'Etat. Les Archives du Rhône ont conservé d'autres documents
analogues de même provenance et notamment un fragment de
registre des années 1325 et 1326, et un feuillet d'un autre
registre. Il semble vraisemblable qu'il est sorti des Archives du
Rhône et est entré dans la Collection de Verna de la même
manière que le document précédent.

N° 1370. — Fragment d'un registre de Pierre de la Val,
notaire de l'Officialité de Lyon (1351-1366).

Nous faisons figurer ici cet article pour mémoire, parce que
bien qu'il soit revendiqué par le département de la Loire,
comme provenant de la Chambre des Comptes de Forez, nous
pensons qu'il appartenait à l'Officialité de Lyon. (Voy. nos
observations à ce sujet, p. 51.)

N° 1311. — Testaments enregistrés à l'Officialité métropolitaine, du 22 juillet 1415 au 7 septembre 1418. — Fragment de

registre papier; non folioté (42 feuillets), incomplet du commencement et de la fin.

No **1488**.—Testaments des xive, xve et xvie siècles, provenant de registres de l'Officialité métropolitaine. — Feuillets de papier détachés de registres, formant environ 84 feuillets et cahiers.

Il faut remarquer que ces recueils se composent non pas de testaments originaux, mais de copies authentiques, insinuées dans les registres de l'Officialité. Plusieurs de ces testaments portent des dates et des indications modernes ajoutées les unes par une main qui ressemble beaucoup à celle du rédacteur de l'inventaire du Chapitre, du xviiie siècle, les autres, plus récentes, d'une écriture qui ressemble à celle de l'abbé Sudan. La brièveté de ces mentions ne permet guère de déterminer avec certitude ces attributions d'écriture.

Ces deux articles ont évidemment la même origine que les deux précédents. Ils ne figurent pas, il est vrai, sur l'ancien inventaire du xviiie siècle, pour une raison qui nous échappe ; peut-être le fond de l'Officialité avait-il été l'objet d'un inventaire spécial qui s'est perdu. Les pièces de ce genre ont dû cependant être comprises dans les saisies de 1791, bien qu'on n'en trouve pas mention expresse dans les procès-verbaux, car les Archives du Rhône conservent une belle série de testaments enregistrés à l'Officialité, dont l'analogie est tout à fait frappante avec les deux articles de la collection de Verna. Quoiqu'il en soit, on ne saurait déterminer à quelle époque ils ont été détournés ni comment ils sont entrés dans la collection de Verna, et l'on peut seulement conjecturer que ce doit être par la même voie que les précédents.

A propos des archives de l'Eglise métropolitaine de Lyon, il peut n'être pas inutile d'observer qu'un certain nombre de documents ont été repris aux Archives du Rhône par l'Archevêché, en 1806 et en 1816, et notamment de nombreux registres d'insinuations de testaments (L. Niepce, *Les Archives de Lyon*, p. 631 et 710), parmi lesquels peuvent s'être trouvés les deux fragments de registres nᵒˢ 1311 et 1488, et des registres de preuves de noblesse du Chapitre métropolitain (Ibid. p. 178 et 634), entre lesquels aurait pu se trouver le numéro 1297 du catalogue de Verna. Ces documents auraient été détournés dès lors des archives de l'Archevêché et non de celles du département, mais c'est une question qu'il n'appartient pas aux experts de trancher de savoir si cette rétrocession a pu faire perdre à ces documents leur caractère de propriété publique. Du reste, le dépôt de l'Archevêché a été restitué au département en 1895.

D. — *Chapitre collégial de Saint-Just* (SÉRIE G).

Nᵒ 1299. — Liste des livraisons faites au chœur de l'église de Saint-Just, du 24 juin 1517 au 22 juin 1518. — Cahier de papier non folioté (24 feuillets). Sur la couverture titre d'une écriture du xviᵉ siècle : *Papirus liberationum ecclesie collegiate Sancti Justi.*

On ne trouve pas cet article mentionné dans l'ancien inventaire des archives de Saint-Just que possèdent les Archives du Rhône, — les documents de ce genre n'étaient pas d'ordinaire portés aux inventaires, — mais on trouve dans le fonds de Saint-Just du dépôt départemental, carton des livraisons, série G, une série de documents semblables à celui de la collection de Verna. D'autre part, le « Procès-verbal de saisie des archives de Saint

Just, du 24 mai 1791 », montre que la saisie a été faite régulièrement, mais il constate également le désordre et la confusion de ces archives à cette date. Aucun indice ne permet de dire quand ce document est sorti des Archives, ni comment il est entré dans la collection de Verna.

E. — *Chapitre collégial de Saint-Paul* (SÉRIE G).

N° 1305. — Obituaire de l'église Saint-Paul de Lyon, rédigé vers 1304, avec de nombreuses additions postérieures. Au début se trouvent la formule du serment de réception des chanoines et des extraits de statuts capitulaires. A la fin, des listes de chanoines et divers fragments parmi lesquels plusieurs pages de musique notées en neumes. — Registre parchemin non folioté (85 feuillets). L'avant-dernier feuillet a été coupé. Sur la couverture, note manuscrite d'écriture moderne sur la date de rédaction. Au-dessous de cette note, le titre suivant : « Livre des statuts, obits, dons et fondations ». Au dos quelques notes modernes montrant des préoccupations de généalogie. A l'intérieur, une longue note d'écriture moderne de trois pages.

Il existe bien aux Archives de Rhône un inventaire des archives de Saint-Paul fait au xviiie siècle, mais les documents de ce genre n'y ont pas été compris. D'autre part, les procès-verbaux de saisie des archives de Saint-Paul des 2 et 4 avril 1791, tout en montrant que cette saisie a été faite avec soin, comme paraissent du reste l'avoir été toutes les saisies d'archives faites alors à Lyon, constatent que ces archives présentaient de grandes lacunes.

Un indice tend cependant à prouver que ce volume a dû

séjourner dans le dépôt départemental : la longue note de trois pages mentionnée ci-dessus est d'une écriture qui paraît de la première moitié de notre siècle ; on la retrouve dans d'autres documents des Archives du Rhône, et, chose remarquable, dans des documents appartenant à d'autres fonds, notamment au fonds de Saint-Jean. Le fait que des notes de même écriture se retrouvent annexées à des documents de divers fonds des archives, ne prouve-t-il pas qu'elles ont du y être insérées alors que ces fonds étaient réunis et avaient été incorporés au même dépôt et que ces notes ont été probablement écrites par un employé des archives ? Les Archives du Rhône possèdent quelques feuillets détachés où se trouve de la musique notée en neumes, très analogues à ceux qui terminent le volume de la collection de Verna ; ils sont de la même époque et paraissent de la même main ; néanmoins des différences de format et de justification ne permettent pas de croire qu'ils proviennent de ce recueil.

Les obituaires comptent parmi les documents historiques les plus importants ; pour donner une idée de leur intérêt, il suffira de dire que l'Académie des Inscriptions a entrepris récemment de publier, comme annexe au grand *Recueil des historiens de la France*, la collection complète de tous ceux qui nous sont parvenus. Nul indice de la manière dont celui-ci est sorti des Archives et est parvenu dans la Collection de Verna ; notons cependant qu'un autre obituaire de Saint-Paul se trouvait dans la bibliothèque Coste ; que M. Coste, ainsi qu'il résulte de la lettre citée plus haut, avait acquis concurremment avec le baron de Verna des manuscrits provenant de l'abbé Sudan, et que ce pourrait bien être aussi par cette voie que notre manuscrit aurait passé des Archives dans la bibliothèque de Verna.

Nᵒ **1306.** — Registre des anniversaires fondés dans l'église de Saint-Paul de Lyon, avec indication des redevances dues pour leur célébration. — Registre en parchemin, non folioté (30 feuillets), écriture de la fin du xiiiᵉ siècle. Parfaitement complet, malgré l'indication contraire du Catalogue. Reliure ancienne faite d'un document de 1317. Aucune cote ni mention ancienne.

Une partie des observations faites à propos du document précédent s'applique également à celui-ci. Il faut noter de plus que l'on trouve aux Archives du Rhône, dans le fonds de Saint-Paul, des registres du xivᵉ siècle, tout à fait analogues à celui-ci qui, un peu plus ancien, semble avoir formé la tête de la série. Nous ne saurions toutefois affirmer qu'il n'avait pas été détourné des archives de Saint-Paul avant leur incorporation aux archives publiques.

Nᵒ **1307.** — Acte de la procédure d'appel pour le Chapitre de Saint-Paul, au sujet des oblations faites à Notre-Dame de la Saunerie et qui étaient détournées au détriment dudit chapitre. 1469. — Un cahier de 7 feuillets papier. Pas de cote ancienne.

L'inventaire des archives de Saint-Paul, du xviiiᵉ siècle, contient (fol. 7) l'analyse suivante : « Trois cahiers de vieille procédure en forme de levée pour l'obéance de la Saunerie à l'occasion des cens, servis et lots dus sur des maisons dans la rue de la Saunerie, de 1463 à 1512 ». Il est à peu près certain que le document de la collection de Verna est l'un des trois cahiers ainsi désignés dans l'inventaire, car il se rapporte bien à des actes de procédure de la même époque et relatifs également à Notre-Dame de la Saunerie. Cet inventaire, ayant été arrêté et paraphé par les officiers municipaux au dernier feuillet, à la date du 23 juin 1790, ce qui implique la prise en charge des archives, en exécution des Lettres patentes du 27 novembre 1789, il en résulte que ce document devait exister alors dans les archives de Saint-Paul et qu'on doit le considérer comme incorporé à partir de ce moment à des archives publiques. Il faut ajouter que la collection des titres de la Saunerie paraît assez complète dans le dépôt départemental du Rhône.

F. — *Eglise de Thizy* (Série G. cures et chapelles)

N° 1323. — Fragment de terrier de la prébende de la Chapelle Saint-Etienne dans l'Eglise de Thizy (Rhône), 1459-1502. — Cahier de papier suivi de cinq feuillets détachés, folioté, incomplet du premier feuillet au début. Au verso du folio 2 une table d'une écriture du xviiie siècle. Mention au folio 14 : « Scellé à Thizy, le 3 janvier 1769, reçu trois sols, signé : Devaulx ».

Les titres des fabriques, et en particulier ceux de Thizy, ont été saisis sous la Révolution et incorporés aux archives départementales ainsi qu'en témoigne le fonds de Thizy, qui comprend 34 cartons aux Archives du département du Rhône. Mais comme, d'une part, nous n'avons trouvé ni inventaire ancien, ni procès-verbal de saisie ; comme, d'autre part, l'absence de la couverture et du premier feuillet du document de la collection de Verna ne permet pas de comparer les cotes qui devaient s'y trouver avec celles qui figurent sur les documents de même provenance du dépôt départemental, nous ne saurions déterminer à quelle époque il a été détourné des archives où il était conservé après 1769, et aucun indice ne laisse entrevoir comment il est entré dans la collection de Verna.

G. — *Abbaye d'Ainay* (Série H).

Nᵒ 1302. — Enquête faite en 1345 « pour justifier certains droits de servis dus sur la maison du Temple (plus tard couvent des Célestins) par la duchesse de Savoie Blanche de Bourgogne, veuve d'Edouard, duc de Savoie à l'Abbaye d'Ainay ». — Rouleau de 4 peaux de parchemin, déchiré en tête. Au dos, d'une écriture moderne, une analyse et ce titre : « C'est sur la maison, église et jardin des Célestins ». Au-dessous, d'une écriture du xvᵉ siècle : « *Super annuo servicio debito domino abbati ad causam domus et vinee Templi Lugd.* » et au-dessous la cote V.

On ne trouve pas de mention spéciale de ce document dans l'inventaire des archives d'Ainay, conservé aux Archives du Rhône ; mais on constate facilement, en l'examinant, que cet inventaire, exécuté au xviiiᵉ siècle, après la sécularisation de l'abbaye, est loin de comprendre toutes les archives. L'inventaire qui devait correspondre aux cotes qui figurent sur les documents ne se retrouve pas. Les procès-verbaux de saisie des archives, des 6 et 28 août 1791, montrent bien que les opérations ont été faites minutieusement et avec soin, mais en l'absence de tout indice, on ne saurait affirmer que ce document soit sorti des archives de l'abbaye après la prise de possession par la municipalité et par conséquent qu'il ait été incorporé à des archives publiques.

Nᵒ 1303. — Copie de pièces concernant l'agrégation du monastère d'Ainay à l'abbaye de Cluny, comprenant : 1ᵒ Acte d'agrégation, du 26 août 1604 ; 2° Avis de M. de Sainte-Marthe sur l'acte précédent ; 3° Bulle du pape Paul V, du 15 juillet 1605 ; 4° Lettres patentes d'Henri IV, du 20 octobre 1605 ; 5° Requête de l'abbaye d'Ainay au Grand-Conseil, pour l'enregistrement de ces lettres, 15 décembre 1605 ; 6° Enregistrement des lettres patentes le 14 février 1606. — Deux cahiers attachés ensemble, de format in-folio, de 10 feuillets papier, écriture du commencement du xviie siècle. En tête la cote : « 1° armoire, volume 4 bis, n° 16, » et au dos : « n° 184. Deferrus ».

Ces deux cotes, et en particulier le numéro suivi de la signature Deferrus, se retrouvent sur les documents du fonds d'Ainay aux Archives du Rhône. On lit, du reste, dans l'inventaire du xviiie siècle t. I. p. 161, l'analyse suivante qui s'applique certainement à notre document : « Armoire I., vol. 4, 7°. — « Enfin, une pièce ou petit paquet de deux pièces attachées « ensemble, qui contiennent copie collationnée, tant dudit acte « d'agrégation du 24 août 1604, ensuite duquel est un avis « signé de Sainte-Marthe sur icelluy, que des bulles de « Paul V, du jour des ides de juillet 1605 ; lettres patentes « du roy, du 20 octobre 1605 ; requête présentée à nos Sei- « gneurs du Grand-Conseil pour l'enregistrement desdites let- « tres, consenti par le Procureur général, le 15 décembre 1605, « et dudit arrêt pour l'enregistrement, du 14 février 1606 ». L'inventaire d'Ainay des Archives du Rhône se termine par cette mention : « Paraphé par nous, officiers municipaux de Lyon, en conséquence de notre procès-verbal de ce jour, 26 juin 1790. Signé : P. Ant. Faure, Luc-Candy, Charmetton ». Il en résulte que ce document devait se trouver alors aux archives de l'abbaye, qu'il en a été pris possession à cette date par la municipalité et que dès ce moment il a été incorporé à des archives publiques. De quelque manière qu'il en soit sorti, ce détournement s'est produit postérieurement à la prise de possession par l'Etat.

N° 1308. — Registre de provisions faites par Camille de Neuville, abbé d'Ainay et de l'Ile Barbe, du 14 octobre 1636 au 19 mai 1648. — A la fin et dans l'autre sens : Registre des candidats agréés à pourvoir des offices prochainement vacants, du 1er avril 1637 au 8 avril 1648. — Volume de format in-4° en papier. Titre sur la couverture : « Registre de Mgr l'abbé d'Ainay ». Cote sur l'autre côté de la couverture : I°.

On ne saurait s'étonner de ne pas trouver mention de ce document sur l'inventaire du XVIIIe siècle où n'ont pas été compris les documents de ce genre. Il faut seulement observer : 1° que la cote, analogue à des cotes que l'on trouve sur d'autres documents du fonds d'Ainay, prouve à l'évidence qu'il a fait partie des archives de l'abbaye ; 2° que les Archives du Rhône possèdent d'autres documents analogues parmi lesquels nous nous bornerons à citer un registre de provisions, de 1654 à 1667, dont la ressemblance avec celui de la collection de Verna est tout à fait frappante. Si l'on peut croire que ce document a suivi la même voie que le précédent, on doit reconnaître cependant qu'on ne peut déterminer ni la date de sa sortie des Archives, ni celle de son entrée dans la Collection de Verna.

N° 1477. — Statuts de réformation du monastère d'Ainay établis en chapitre général par l'abbé Barthélémy, le 11 novembre 1347. — Pièce de parchemin formée de trois peaux cousues bout à bout, lacérée en tête. Titre au dos, en tête, d'une écriture plus moderne que celle du document : « Statuts et ordonnances de l'abbé d'Enay contre les religieux, 1347 ».

Au dos, les cotes suivantes : 1° cote du xvi° siècle, IIII P (suivie d'une analyse) ; 2° cote du xviii° siècle : « Chapitre I, n° 4, 4. » ; 3° cote du xvi° ou xvii° siècle : 67 (ou 167), suivie d'une analyse.

Ces cotes dont on retrouve les analogues sur beaucoup de documents du fonds d'Ainay, montrent sans contestation possible que ce document provient bien de ces archives, mais elles ne permettent pas de le retrouver dans l'inventaire du xviii° siècle, sur lequel figure cependant un autre registre des Statuts d'Ainay, de 1343, qui, lui, se retrouve aux Archives du Rhône. Nous avons eu déjà l'occasion (v. plus haut, p. 39) de conjecturer qu'il y a dû y avoir un inventaire correspondant aux cotes par lettres qui ne paraît pas s'être conservé. Dans ces conditions, il semble impossible de déterminer si ce n'est pas avant son incorporation aux archives publiques que ce document est sorti du fonds de l'abbaye.

N° 1479.—Vidimus, par l'officialité de Lyon, le 19 juin 1371, à la requête de l'abbé d'Ainay, de 24 actes se rapportant à des ventes faites à l'abbaye, notamment à Bellecour et sur la place d'Ainay, datés de 1218 à 1324. — Rouleau formé de 9 peaux de parchemin cousues bout à bout ayant une longueur totale de 5^m40. Cotes anciennes au dos.

La nature de ce document et les cotes qui figurent au dos ne laissent pas de doute sur sa provenance ; il vient des archives d'Ainay et provient sans doute de procédures contre le prieuré de la Platière, également possessionné à Bellecour, mais il ne figure pas sur l'inventaire conservé, et on ne saurait dire, en conséquence, s'il est entré aux Archives. Cependant, une analyse qui figure au dos, est d'une écriture moderne que l'on retrouve dans d'autres pièces des Archives du Rhône et que M. l'Archiviste

présumé être celle d'un employé des Archives. Elle est ainsi
conçue : « Expédition de plusieurs actes passés dans le XIII°
siècle au profit de l'abbé d'Ainay, qui donne l'investiture à
plusieurs particuliers de presque tous les fonds qui forment la
place de Bellecour et le quartier qui s'étend jusqu'à Ainay ».
A l'appui de la revendication du département, M. l'Archiviste
nous a exposé que tous les historiens de Lyon, à l'exception
d'un seul, ont ignoré cette particularité que l'abbaye d'Ainay
ait eu des propriétés à Bellecour ; tous ont attribué la propriété
de Bellecour au prieuré de la Platière qui n'en avait qu'une
partie. Cochard, seul, dans le *Guide du Voyageur et de l'Amateur à Lyon*, publié en 1826, a dit (p. 532) : « le tènement de
« Bellecour dépendait originairement de l'abbaye d'Ainay ».
Or, Cochard, alors archiviste départemental, n'a pu tenir cette
information que du rouleau en question, seul document qui
fasse mention des droits de l'abbaye. M. Guigue en infère que
pour parvenir à la connaissance de Cochard, le rouleau devait
faire alors partie des Archives du Rhône ; qu'il en a été probablement détourné par Cochard lui même, dont la réputation
d'emprunteur négligent est bien établie ; qu'il a dû être compris
dans les documents de la collection Cochard qui, aux termes
de la préface du catalogue de vente de sa bibliothèque « ont
été l'objet de dispositions particulières », c'est-à-dire d'une
vente présumée clandestine, d'après le témoignage d'Aug.
Bernard, et arriver ainsi aux mains du baron de Verna. Ce
raisonnement repose sur trop de postulats pour que nous
puissions l'admettre sans restriction ; il constitue seulement,
selon nous, une conjecture ingénieuse et vraisemblable des
vicissitudes qu'a du subir le document. En l'absence de toute
preuve matérielle, il ne nous est pas possible de déterminer

avec une complète certitude l'époque à laquelle il a été détourné, ni, par conséquent, d'établir irréfragablement les droits de l'Etat.

H. — *Abbaye de Savigny* (Série H).

Le fonds de l'abbaye de Savigny aux Archives du département du Rhône est l'un de ceux qui ont le plus souffert de déprédations. On n'y trouve pas d'ancien inventaire; l'inventaire dressé au xviii° siècle est précisément le n° 1348 du catalogue de la collection de Verna (voy. plus loin p. 47) On n'y rencontre pas les procès-verbaux de saisie en 1790 ; ils faisaient, au dire de M. l'Archiviste, partie des collections Coste dont on sait l'origine suspecte et ne se retrouvent pas aujourd'hui. Il résulte seulement du procès-verbal de la séance du 28 floréal an III du Conseil général de la Campagne de Lyon (fol. 291), que l'administration envoya alors à Lyon les archives de l'abbaye accompagnées des citoyens Souchon et Constantin, chefs du bureau des domaines nationaux. Dans le recueil de la correspondance d'Aug. Bernard, aujourd'hui conservé à la Bibliothèque publique de St-Etienne, se trouve (t. IX, fol. 197) une curieuse lettre adressée, le 11 novembre 1848, au savant forézien par le bibliophile lyonnais Coste, qui donne les renseignements les plus précis sur la provenance des documents relatifs à Savigny de la collection de Verna. On y lit en effet les lignes suivantes :

« L'abbé Sudan avait plusieurs pièces relatives à l'abbaye de « Savigny. J'en ai conservé la note et vous en donne copie :

« *Liber consuetudinibus* (sic) *Saviniacensis monasterii*, « in-fol, sur vélin, xiii° siècle, 127 fol., imparfait à la fin.

« Catalogue des abbés de Savigny (xv° siècle) ;

« Inventaire des titres de l'abbaye de Savigny, in-fol. sur
« papier, xvii⁰ siècle.

« Lorsque les livres de M. Sudan furent vendus, j'avais pour
« concurrent M. de Verna, qui me céda la plus grande partie
« des articles que je désirais, mais il me pria de lui aban-
« donner en retour tout ce qui était relatif à l'abbaye de Savi-
« gny, où l'un de ses oncles avait été religieux. La bibliothèque
« de M. de Verna a passé à son fils aîné qui l'a fait transporter
« dans son château du Dauphiné ».

Les trois documents signalés par Coste correspondent très
exactement, comme on le verra aux trois articles du Catalogue
de Verna énumérés ci-après ; il est donc hors de doute : qu'ils
proviennent de la collection Sudan, qu'ils ont dû être acquis
à une vente particulière dont l'Enregistrement n'a trouvé aucune trace (voir lettre du Directeur de l'Enregistrement au
Préfet, du 27 décembre 1895), vente qui n'a rien de commun
avec celle consentie à la ville par M. Michel Sudan, le 23 août
1827 ; et quant à la provenance plus que suspecte des documents qui composaient les collections de l'abbé Sudan, nous
avons dit plus haut ce qu'on en devait penser.

N⁰ 1346. — Recueil de Benoît Maillard, moine de Savigny,
contenant : 1° la liste des églises dépendant de l'abbaye ;
2° *Nomina abbatum secundum ordinem martyrologii* ; 3° *Se-
quntur bona tam per religiosos episcopos.... quam seculares,
nobiles et ignobiles, huic nostro monasterio temporibus præ-
teritis facta* ; 4° Actes et services de Benoît Maillard pour
l'abbaye ; 5° Liste des moines au temps de Benoît Maillard ;
6° Chronique des événements politiques de 1460 à 1495 ; 7° Pro-
diges, signes célestes, inondations durant la même époque.

— Sur les gardes « Constitution et histoire de Savigny, rédigées par Benoît Maillard en 1490 », écriture du xviiie siècle. 1er feuillet de garde : chap. I., no 28 ; 2e feuillet de garde : Notice sur Benoît Maillard (écriture moderne). Dans le manuscrit, un cahier détaché, très probablement de l'écriture de l'abbé Sudan, intitulé : « Copie d'extraits de quelques titres « relatifs à l'abbaye de Savigny, etc ». — Registre papier de format in-4°, de la fin du xve siècle et probablement de la main de Benoît Maillard, relié en basane, mauvais état, les premiers feuillets tachés et percés.

Ce volume est certainement celui qui est désigné dans la lettre de Coste citée sous le titre de : « Catalogue des abbés de Savigny (xve siècle) » ; il figure à l'inventaire du xviiie siècle des archives de Savigny (ci-dessous no 1348, fol. 16).

Il existe, il est vrai, aux Archives du Rhône un autre manuscrit du recueil de Benoît Maillard, d'une composition sensiblement différente, dont M. Georges Guigue a publié une partie en 1883, sous le titre de *Chronique de Benoît Maillard* ; mais il semble bien, notamment par l'identité du numéro, que c'est celui de la collection de Verna qui figure dans l'inventaire de Savigny, et, du reste, il est tout à fait vraisemblable que les deux exemplaires se trouvaient l'un et l'autre dans les archives de l'abbaye.

No 1347. — Coutumier de l'abbaye de Savigny. « *Incipit liber de consuetudinibus Saviniacensis monasterii* ». — Manuscrit du xiiie siècle, écrit à longues lignes ; rubriques ; 127 feuillets parchemin, les derniers détériorés. Incomplet à la fin. Reliure en basane, du xviie ou du xviiie siècle. Sur le premier feuillet de garde en papier : Chap. I, No 27.

La cote citée ci-dessus correspond, comme pour le précédent, à l'inventaire du xviiie siècle des archives de l'abbaye. (Voy. plus loin le no 1348.) C'est certainement le second des documents cités dans la note de Coste à Aug. Bernard, qui, de 1848 à 1850, alors qu'il préparait la publication du Cartulaire de Savigny, fit de vains efforts pour en obtenir de M. de Verna la communication, qui lui fut obstinément refusée. Il n'est donc pas douteux qu'il provienne de l'abbé Sudan et que celui-ci ne pouvait l'avoir trouvé que dans les archives de l'abbaye, très probablement après leur incorporation aux Archives départementales.

No **1348.** — Recueil comprenant : 1o Inventaire des archives de Savigny. « Le présent inventaire est divisé en six chapitres, outre la description des terriers et les articles des officiers de l'abbaye, et à la fin est le sommaire des titres qui concernent l'abbé seulement et qui se sont trouvés parmi ceux qui regardent le chapitre seulement ». Ecriture du xviiie siècle. — 2o, fol. 132 : « Histoire en abrégé de l'abbaye de Savigny, de l'ordre de saint Benoît, au diocèse de Lyon, par François de Furnillon Butry ». — Registre de 135 feuillets, papier filigrané aux armes de Lyon. Peut-être incomplet à la fin. — Il se trouve, en outre, dans ce volume, une série de pièces détachées : 1o *Censa pittanciarum Athanatensium Lugduni, grossata est pro utraque parte,* 18 nov. 1396. Minute portant en tête la cote xxxxviii. — 2o *Censa Pulliaci, grossata est pro dicto censario.* Minute portant la cote lxvii. Au vo : *Professio expressa fratris Humberti Gieure monachi Athanacensis,* 10 août 1400. — 3o Dispositif de Pierre de Tarentaise, archevêque de Lyon, pour la fondation du monastère de Coyse, sur la paroisse d'Aveyze, en 1273. —

4° Cession, par Guigue de Lasnai, vicaire de l'abbé de Savigny, à Etienne de Lasnai, de tout ce qu'il possède en vertu de sa vicairie au prieuré de Lasnai. Charte-partie en parchemin du commencement du xiii° siècle, portant au dos la cote n° 1. Cette charte a été reproduite en fac-simile dans le volume intitulé : *Inventaire des titres recueillis par Samuel Guichenon* (publ. par P. Allut, Lyon 1851, in-8°). Elle y est accompagnée de cette note : « L'original fait partie du cabinet de M. de Verna ». — 5° Copie d'inventaire de Claude d'Albon, ancien archidiacre de l'église de Lyon, abbé de Savigny, du 10 janvier 1692, à Lyon, et du 9 mai, à Savigny. — 6° Inventaire des titres et papiers acquis par Antoine d'Albon, archevêque de Lyon, de maître François Mathieu. Au dos, une analyse sommaire de deux mains différentes et, de plus, la mention : « Paraphé à Lyon, le 20 juillet 1761, (signé) Charier », et la cote : N° quatre. — 7° Plainte du procureur fiscal de Savigny contre le chantre de Savigny, le 10 mai 1616. Au dos, la cote N° 4. — 8° Extrait des constitutions de Savigny, intitulé : « *Liber refusionum..... recognitorum anno* 1608 », daté du 20 août 1750. Au dos, la cote N° 6. — 9° Notes de la main de l'abbé Sudan, sur les abbés de Savigny. — En outre, cousues au feuillet de garde : 10° Quittance de Charles Tardi, pour réparation du clocher de l'abbaye. — 11° « Signification de l'évêque de Sinope, commis et suffragant de l'archevêque de Lyon, du 27 septembre 1729, suivant l'ordre de la Cour ».

Ce volume est le troisième document signalé dans la lettre Coste citée plus haut ; il provient donc de l'abbé Sudan et a dû faire partie des archives de l'abbaye. La seconde partie du volume, l'histoire des abbés, pourrait faire douter que ce volume provienne des archives plutôt que de la bibliothèque, mais le fait qu'il commence par un inventaire dont les divisions sont en relation avec les cotes des documents, une note placée à la fin de l'histoire, indiquant l'utilité de ce travail, pour soutenir les droits de l'abbaye contre l'archevêque et le chapitre, la réunion des pièces annexes, toutes provenant des archives, tout cela doit, à notre avis, dissiper les doutes. Une partie des chartes contenues dans ce recueil a été publiée en 1851, par M. P. Allut, dans son *Inventaire des titres recueillis par Samuel Guichenon*. Une note (p. 106) constate qu'elles se trouvaient alors dans la bibliothèque de M. de Verna.

I. *Ordre de Malte*. (Série H).

Les archives du grand prieuré d'Auvergne de l'Ordre de Malte, constituent l'un des fonds les plus riches et les plus considérables des Archives du Rhône. Il en subsiste plusieurs inventaires et notamment celui de Batteney, archiviste de l'Ordre, exécuté en 1749 et formant 7 vol.; celui de Néron, exécuté en 1764 et formant 3 vol., ainsi que plusieurs inventaires, spéciaux chacun à une commanderie.

Ces archives semblent avoir été admirablement tenues pendant tout le cours du xviiie siècle. Après la saisie de 1791, elles demeurèrent quelque temps sous scellés dans la commanderie de Saint-Georges et paraissent y être restées intactes. Des procès-verbaux font bien mention d'un vol dans la nuit du 6 au 7 décembre 1792, mais ils constatent aussi que les voleurs n'avaient touché aux archives que pour en lacérer quelques pièces. On sait, de plus, que quelques documents relatifs aux biens aliénés en furent retirés à plusieurs reprises, mais l'état détaillé de chacun de ces prélèvements est régulièrement donné par des procès-verbaux successifs. Il semble résulter des documents des Archives du Rhône, d'une part, que les archives du grand prieuré de Malte étaient au complet et en bon ordre au moment de la Révolution ; d'autre part, que les opérations de saisie y furent faites régulièrement, et, conséquemment, que des détournements n'y purent être faits qu'après leur transfert aux Feuillants, c'est-à-dire postérieurement à leur incorporation à un dépôt public. Nous devons reconnaître, toutefois, qu'aucun indice ne nous a permis de déterminer avec certitude par quelle voie et à quelle époque les documents ci-après énumérés sont entrés dans la collection de Verna.

N° **1334.** — Rachat et affranchissement par Artaud de Saint-Romain, précepteur des maisons de l'hôpital de Saint-Jean, à Montbrison, Chazelet et Lyon, de tenanciers vendus par son prédécesseur à Marguerite Choupanioux, de Montbrison (18 janv. 1318-1319). — Charte en parchemin. Au dos : « Acquisition pour Montbrison, 1318, n° 32 », et d'une autre main : « Quittance de lods pour Montbrison ».

On retrouve, dans le fonds de Malte, aux Archives du Rhône, dans les pièces de la commanderie de Montbrison, quelques cotes de la même écriture que la seconde cote ci-dessus. D'autre part, il résulte de l'inventaire Néron (folio 260, v°) que cette pièce devait faire partie de la liasse 6, cotée comme « de peu de valeur ».

N° **1337.** — Inventaire des titres et papiers de la commanderie des Feuillées en Bresse. — Six cahiers in-fol., plus un feuillet détaché. Incomplet des feuillets 18-19, 30-32, 77-91. Écriture du xviii° siècle avec des additions.

On retrouve, aux Archives du Rhône (H. 726) d'autres inventaires de commanderies tout à fait semblables. Nous citerons comme exemple celui des archives du Temple d'Ayen. Les cahiers sont de même format, écrits de la même main, et les analyses disposées de même. Il semble que chaque commanderie a dû avoir ainsi son inventaire.

N° 1392. — Compte des recettes et dépenses de l'ordre de Saint-Jean de Jérusalem, de la langue d'Auvergne, etc., pour l'année échue le 1er juin 1585. — Cahier de papier in-fol. dérelié, incomplet à la fin.

On retrouve aux Archives du Rhône, sous les cotes H. 251, 252, 253, 254, etc. (voy. *Inventaire sommaire*, t. I, p. 202), toute une série de comptes analogues dans laquelle celui-ci constitue une lacune. — Il faut remarquer que les registres de comptabilité, très nombreux dans le fonds de Malte, ne figurent pas dans les anciens inventaires.

N° 1393. — Terrier de la maison et hôpital de la Tourette, en Auvergne, fait en 1460. — Registre in-4°, relié en parchemin, 266 feuillets papier.

Ce terrier n'est pas mentionné aux anciens inventaires.

N° 1472. — Procès-verbaux et pièces diverses se rapportant aux visites des visiteurs généraux du Chapitre du Grand prieuré d'Auvergne de l'ordre de Malte, terminés et déposés à Besançon, le 12 juillet 1669.— Cahiers et feuillets détachés, de format in-4°, non paginés ni comptés (environ 500 feuillets).

Ce recueil paraît composé de minutes. D'anciennes cotes et des lettres adressées aux visiteurs généraux montrent que ces papiers avaient été, au xviiie siècle, centralisés à Lyon, au siège du grand-prieuré d'Auvergne et qu'ils y étaient classés par

commanderies. On retrouve, aux Archives du Rhône (H. 169),
la copie officielle de ces mêmes visites.

J. — *Hôpital Saint-Antoine*. (Série H).

Les archives de l'hôpital Saint-Antoine, de Lyon, étaient au
xviii° siècle, réunies à celles de l'Ordre de Malte et les ont sui-
vies aux Archives du Rhône.

N° 1300. — Fragment d'inventaire des titres de l'hôpital de
Saint-Antoine, de Lyon. — Un cahier de 18 feuillets papier,
sans couverture, incomplet du début. Ecriture du xv° siècle.

Les anciens inventaires ne figurent pas sur les inventaires
plus récents, mais chaque article de cet inventaire porte en
marge des signes caractéristiques qu'on retrouve sur les documents du fonds de Saint-Antoine aux Archives du Rhône.

N° 1301. — Appel fait par le recteur de l'hôpital de Saint-
Antoine, de Lyon, contre le droit de visite que l'obéancier de
Saint-Just voulait s'attribuer sur ledit hôpital en vertu d'un
décret du Saint-Siège (1355). — Pièce parchemin. Au dos,
longue analyse du xviii° siècle et la cote : Lyon n° 52.

Parmi les anciens inventaires des archives de Saint-Antoine,
l'un d'eux exécuté au xviii° siècle (fol. 16), contient, sous la date
de 1355 et sous le même n° 52, une longue analyse de ce document qui paraît de la même main que celle qui a écrit l'analyse
au dos de la pièce. En outre, nous avons retrouvé dans le fonds
de Saint-Antoine, des Archives du Rhône, toute la série des
pièces au milieu desquelles celles-ci vient s'intercaler et notamment les pièces cotées : Lyon n° 51 et Lyon n° 53.

K. — *Fonds indéterminé.*

N° 1325. — 1° Fragment d'un terrier de la paroisse de Morancé, pour Agnès de Talaru, de 1438 et 1439. — 2° Fragment d'un terrier des domaines de Pouilly, Lucenay, Lachassagne et Marzé, pour Guichard de Marzé, de l'année 1453. — Ces deux terriers sur le même registre écrit dans les deux sens. — Cahier in-4° de 32 feuillets de papier.

Nous n'avons pu déterminer la provenance de cet article ; nous avons seulement constaté que plusieurs établissements religieux étaient possessionnés dans les localités énumérées ci-dessus. M. l'Archiviste du Rhône avait cru pouvoir attribuer ce registre au fonds de Saint-Pierre, mais ses justifications ne nous ont pas paru suffisantes et nous ne saurions assurer que ce document provienne d'archives publiques.

§ 2. — DÉPARTEMENT DE LA LOIRE

L. — *Chambre des Comptes de Forez* (SÉRIE B).

Les documents revendiqués par le département de la Loire proviennent tous, à deux exceptions près, du fonds de la Chambre des Comptes du Forez. Nous avons dit plus haut (p. 25) que ce fonds avait été réuni, en 1691, à celui du Bureau des Finances de Lyon et rétrocédé au département de la Loire seulement en 1854. Le savant forézien qui eut l'initiative de cette rétrocession, Auguste Bernard, a décrit, dans un article du *Mercure Segusien*, du 21 novembre 1847 (Bibl. de Saint-Etienne, *Mél. Bernard*, t. II, n° 51), l'état d'abandon lamen-

table où se trouvait, aux Archives du Rhône, la série des registres de la Chambre domaniale de Montbrison, qu'il consulta
pour la première fois en 1834, lorsqu'il préparait son *Histoire
du Forez*, et racontant une récente visite qu'il y avait faite, il
ajoute : « J'eus la douleur de n'y pas retrouver tous les volu-
« mes que j'avais vus lors de ma première visite » (en 1834), et
il cite spécialement comme disparu un « Registre de dépenses
de la comtesse Anne », qui pourrait bien être le n° 1363 de la
Collection de Verna.

Quoi qu'il en soit, il est certain que c'est avant 1854 que les
documents de cette provenance sont entrés dans la Collection
de Verna, qu'ils ont été détournés du fonds de la Chambre
des Comptes du Forez, à Lyon, probablement alors que ce
fonds y avait été incorporé aux Archives départementales.
Quelle que soit du reste l'époque des détournements, ces documents, qui ont pour la plupart un intérêt historique de premier ordre, provenant d'un établissement qui était déjà sous
l'ancienne monarchie une institution de l'Etat, doivent être, à
notre avis, considérés comme appartenant au domaine public,
imprescriptible et inaliénable.

N° **1355**. — Testaments reçus par le juge de Forez (1422 à
1423). — Fragment d'un registre de 48 feuillets papier du fol. I
au fol. XLVIII.

Il résulte de l'inventaire du Bureau des Finances de Lyon,
inventaire achevé en 1790, t. II, Table des testaments (Arch.
du Rhône, c. 398), que ce fragment correspond au registre 56
de l'inventaire. Un fragment de ce même registre se retrouve
actuellement aux Archives de la Loire, où il porte la cote :
B 1893. Nous avons pu constater, à Saint-Etienne, que le frag-

ment de la Collection de Verna s'adapte exactement à celui des Archives de la Loire ; c'est le même format, la même écriture, la même justification, et la foliotation se continue exactement de l'un à l'autre. Le fol. XLVIII v° du n° 1355 finit par les mots..... *pacifficari summarie et de plano* (ces deux derniers mots en réclame) et le fol. 1 du B 1893, coté XLIX, commence par les mots : *de plano sine strepitu et figura judicii.....*

N° 1356. — Comptes des recettes et dépenses de la prévôté de Roanne, rendus à la Chambre des Comptes de Forez, de 1410 à 1428. — Registre en papier, non folioté, incomplet à la fin.

On ne peut trouver dans l'inventaire du Bureau des Finances, achevé en 1790, de mention particulière de ce volume, les comptes n'y étant inventoriés qu'en bloc. Il existe, aux Archives de la Loire, des registres de comptes spéciaux de prévôtés tout à fait analogues. (Voy. le Rapport de l'Archiviste pour 1893 et 1894. *Procès-verbaux des Conseils généraux*.) Nous signalons spécialement un compte de la prévôté de Néronde, B. 1978, tout à fait analogue au n° 1356 de la Collection de Verna.

N° 1357. — Comptes de la prévôté de Virieu et de Chavanay rendus à la Chambre des Comptes de Forez, pour les années 1397 à 1405, plus un fragment d'un autre registre de compte des mêmes prévôtés pour 1396. — Registre en papier, non folioté.

Mêmes observations que pour le n° 1356.

N° 1358. — Fragment d'enquête sur les droits du comte de Forez. — Cahier de 29 feuillets, papier, provenant d'un registre

du xiv° siècle. Sans couverture, incomplet du commencement
et de la fin.

Il nous a été impossible de déterminer par quelle juridiction a été faite cette enquête ; néanmoins il ne nous a pas
semblé douteux que le document provienne de la Chambre
domaniale du Forez.

N° 1360. — Répartition de la taille entre les habitants de la
ville et du mandement de Sury-le-Comtal, pour les années
1455 à 1472. — Gros registre, papier non folioté, incomplet du
commencement.

Ce volume est celui dont il a été question dans nos observations préliminaires (p. 4). Le numéro ne figure pas dans l'expédition du jugement, mais il est porté dans les Conclusions du
département de la Loire et a été compris dans la saisie. Il n'est
pas douteux que, comme d'autres registres analogues des
Archives de la Loire, il provienne du fonds de la Chambre des
comptes.

N° 1361. — Compte des bois vendus dans la Chatellenie de
Cervières, par les forestiers du comte de Forez, de 1391 à
1408. — Registre en papier non folioté.

N° 1362. — Comptes généraux des revenus des prévôtés
de Forez, rendus à la Chambre des comptes de Montbrison,
pour les années 1378, 1379, 1381, 1383, 1384. — Registre
en papier non folioté. Plusieurs cahiers en déficit vers le
milieu. Sur le 1er fol. « Paraphé suivant notre procès-verbal
d'aujourd'hui 19 mars 1687 (signé) Gayot ».

Les registres de comptabilité n'étaient inventoriés qu'en
bloc dans l'inventaire de prise de possession des archives de

la Chambre des comptes de Montbrison par le Bureau des Finances de Lyon. Voici, à titre d'exemple, la mention qui devait comprendre ces comptes (p. 24) : « Dix-huit autres « comptes desdits revenus du comté de Forez cy-devant « paraffé par Monsieur Gayot et depuis mis en deux liasses, « sur le premier thomme desquelles a été mis le n° CXLIIII, « lesdits comptes estant à moitié pourries et mangées des « rats, même une partie des paraffes ».

On peut rapprocher ces comptes de ceux tout à fait analogues cotés aux Archives de la Loire, B. 1955 et 1956, et qui répondent aussi de tous points à la description de l'inventaire.

N° 1363. — Terrier de Saint-Germain-Laval.

Voy. nos observations ci-dessus, p. 25.

N° 1364. — Comptes de l'hôtel de Jeanne de Bourbon, comtesse de Forez : 1° dépenses, 1390-1392, incomplet au commencement ; 2° recettes et dépenses du 1er juin 1395 au 31 mars 1397, incomplet de la fin ; 3° recettes et dépenses de 1400, incomplet du commencement et de la fin ; 4° recettes et dépenses 1401-1402, incomplet du commencement et de la fin. — Quatre énormes registres de format agenda.

Il existe, aux archives de la Loire, des comptes analogues, cotés B 1920 à 1922 ; ce sont des fragments de même format, tout à fait semblables pour l'écriture et la disposition. On trouve, d'autre part, à la Bibliothèque municipale du Palais des Arts, à Lyon, n° 1104, et provenant du legs Lambert, un compte d'un autre format, mais de même disposition pour l'hôtel de la même Jeanne de Bourbon, comtesse de Forez, années 1384-85.

N° **1365**. — Comptes des dépenses d'Anne Dauphine, duchesse de Bourbon, comtesse de Forez, du jeudi 4 au mercredi 31 mai 1408. — Fragment d'un registre en papier, non folioté.

Il se pourrait que ce registre fût celui dont Auguste Bernard constatait la disparition, à Lyon, en 1847 ; toutefois, il existe aux Archives de la Loire (B. 1939 et 1940), deux autres comptes analogues qui correspondent aussi bien à l'indication d'Aug. Bernard.

N° **1366**. — Comptes des dépenses du comte de Forez, Jean Iᵉʳ. D'un côté figurent les dépenses ordinaires, de l'autre un fragment de compte des recettes et dépenses extraordinaires, commençant le dimanche après Noël 1314. — Registre en papier non folioté, écrit sur deux colonnes, commencé par les deux côtés et incomplet d'un côté.

Ce volume, dont la provenance n'est pas plus douteuse que celle des précédents contient une longue fiche ainsi disposée :

Cette fiche, analogue à celle que les libraires sont dans l'usage d'insérer dans les volumes qu'ils cataloguent,

53 Livre des Recettes et Dépenses de la maison du Cᵗᵉ de Forez ms du XIVᵉ s.

donne à croire que ce manuscrit doit avoir été compris dans quelque vente; nous l'avons vainement recherché dans les catalogues de ventes publiques. Peut-être figurait-il dans une des ventes Sudan ou Cochard qui semblent avoir été clandestines.

N° **1367**. — Comptes des recettes et dépenses pour la fortification de Feurs, en 1388 et 1389, arrêté le 28 janvier 1390 et vérifié par les gens des comptes de Forez. — Registre en papier, non folioté.

No 1368. — Fragment d'un terrier attribué par le Catalogue de vente à la prévôté de Saint-Just-en-Chevalet. — Registre papier, incomplet du commencement, 196 feuillets marqués, mais reliés en désordre.

Nous avons vainement cherché, avec l'aide de Messsieurs les Archivistes du Rhône et de la Loire, à vérifier l'indication du Catalogue ; dans l'impossibilité où nous nous trouvons de faire l'attribution de ce volume, en l'absence de toute cote ancienne et de toute mention d'inventaire, nous devons exprimer un doute sur sa provenance.

No 1370. — Début du registre des notes brèves de Pierre de la Val, notaire à l'officialité de Lyon, du 8 sept. 1351 au 14 sept. 1366. — Fragment de registre papier, non folioté.

Nous faisons figurer ce volume à cette place, parce qu'il est revendiqué, par le département de la Loire, comme provenant de la Chambre des comptes de Montbrison ; il se compose, en effet, d'actes relatifs au Forez, mais il émane d'un notaire de l'Officialité de Lyon, et il nous semble résulter de l'examen que nous avons fait du fonds de l'Officialité aux Archives du Rhône, que tous les registres des notaires dépendant de cette juridiction, alors même qu'ils instrumentaient hors de la cité, étaient centralisés à Lyon, au siège de l'Officialité. Nous avons donc des raisons de croire, en conséquence, que ce manuscrit provient non des archives de la Chambre des comptes de Forez, mais de celles de l'église métropolitaine de Lyon. Nous sommes du reste sans renseignements sur la manière dont il est entré dans la Collection de Verna.

No 1372. — Fin d'un compte de dépenses faites par le prévôt de Crozet, pour la garnison royale établie au château de

Changy, du dimanche 1er septembre au dimanche 15 décembre 14[54], suivi d'un compte spécial des dépenses de voyages du prévôt, d'août à octobre 1454. — Fragment de registre papier, non folioté.

On retrouve des comptes analogues dans les Archives de la Loire. Voy., notamment, les comptes analysés dans le rapport de l'Archiviste au Préfet, pour 1893. (*Procès-verbaux des Conseils généraux*.)

N° 1374. — Compte de recettes et dépenses de Jean Reynaut, prévôt de Montbrison, pour les années 1392-1394, avec vérification et quittance de la Chambre des comptes, du 25 mai 1415. — Registre en papier, non folioté.

Cf. la série de comptes analogues aux Archives de la Loire, B, 1973 à 1976.

N° 1375. — Sept comptes de la prévôté de Roanne, rendus à la Chambre des comptes de Montbrison : 1° 1434-1436 ; 2° 1433-1434 ; 3° 1448-1450 ; 4° 1428-1431 ; 5° 1436-1438 ; 6° 1431-1432 ; 7° 1443-1445. — Registre en papier, non folioté.

N° 1376. — 1° Fragment de compte du prévôt de Saint-Maurice et de Verdier, en Forez (1403-1404) ; 2° Compte du même prévôt, du 21 juillet 1404 au 25 mai 1405. — Deux cahiers de papier, non foliotés (21 feuillets).

N° 1382. — Comptes de la chancellerie de Forez : 1° 3 juin 1417-31 mai 1418 (?) ; 2° 31 mai 1418-31 oct. 1420 ; 3° 7 sept. 1420-5 sept. 1421 ; 4°ᴬ 5 sept. 1421-6 juillet 1422 ; 4°ᴮ 6 juillet 1422-5 août 1423 ; 4°ᶜ 5 août 1423-14 sept. 1424 ; 4°ᴰ 14 sept. 1424-14 sept. 1425 ; 4°ᴱ 22 février 1425-27 août 1425. — Deux cahiers et un registre papier, non foliotés.

N° **1384**. — Comptes de la châtellenie et de la prévôté de Marclopt en Forez : 1° Compte de Jean de Chabet, châtelain de Marclopt, du 20 mai 1394 au 26 mars 1397. Incomplet ; 2° Compte de Jean Fabri, prévôt de Marclopt, du 26 mars au 16 novembre 1397 ; 3° Compte de Guillaume Gobillon, prévôt de Marclopt, du 15 août 1397 au 16 mars 1399. — Trois cahiers de papier, non foliotés.

N° **1487**. — Registre de la Cour du juge de Forez, tenu aux assises de Bost-Buisson (Haute-Loire, com. de St-Pal-de-Chalençon), d'août 1376 à 1382. — Gros registre papier, non folioté, en mauvais état, les premiers et derniers feuillets mutilés. Cote du xv° siècle. *Papirus curie B.... Baysseni. Pater.*

Les registres de cette espèce sont rares aux Archives de la Loire ; nous avons cependant trouvé un registre des assises de Sury-le-Comtal, du xiv° siècle, tout à fait analogue à celui-ci et qui semble montrer que les documents de ce genre avaient été réunis aux archives de la Chambre des comptes.

N° **1489**. — Testaments enregistrés par le juge de Forez, du 28 oct. 1313 au 17 février 1315-1316. — Registre en papier avec double foliotation, l'une ancienne l'autre moderne. Le commencement en mauvais état, incomplet à la fin.

L'inventaire du Bureau des Finances, achevé en 1790, t. II, Table des testaments (Arch. du Rhône, C. 398), montre que ce volume est l'ancien vol. 5 des Testaments. On peut remarquer, d'autre part, que le foliotage moderne est certainement de la main du rédacteur de l'inventaire. De plus, une fiche insérée dans le registre porte la mention vol. 67, 1231-1373. Cette fiche qui ne s'applique pas à ce volume y a été intercalée par erreur; l'ancien vol. 67, dans lequel elle devait se trouver, est en déficit aux Archives de la Loire. Enfin, ce volume contient une autre longue fiche, semblable à celle du n° 1366, ainsi conçue et disposée :

| Nous conjecturons comme pour ce n° que ce doit être une fiche de librairie paraissant se référer à quelque catalogue de vente, celle peut-être de Sudan ou de Cochard. | 59 Recueil de testaments passés devant le juge de Forez à Montbrison Ms. papier XIVᵉ s. |

§ 3. — VILLE DE LYON

M. — *Archives municipales de Lyon.*

Les piéces revendiquées par la ville de Lyon ont ce caractère commun d'appartenir toutes à la période moderne et d'être relatives, à une seule exception, aux affaires de 1830. Il est facile de se rendre compte de la manière dont ces pièces ont du prendre place dans la Collection de Verna. Le baron Dauphin de Verna, premier adjoint de la Ville, faisait fonction de maire lors de la Révolution de juillet ; démissionnaire le 3 août, il est probable qu'il a dû, à ce moment, rassembler avec précipitation et emporter un certain nombre de documents qui se trouvaient dans le cabinet du maire ; peut-être même quelques-uns se trouvaient-ils à son domicile privé. De ces pièces, les unes sont des lettres officielles qu'il avait reçues en qualité de maire ; elles appartiennent incontestablement aux Archives municipales, bien qu'elles soient sorties de la mairie avant d'y avoir été versées; les autres sont des lettres plus ou moins confidentielles, adressées à la personne ; elles ont le

caractère de correspondance privée, et la Ville ne peut préten-
dre sur elle aucun droit. Il est assez facile de faire, d'après
leur nature, le départ des unes et des autres.

N° 1163. — Neuf lettres autographes signées du Comte de
Brosses, préfet du Rhône, adressées au maire de Lyon et relatives aux affaires de la Ville, spécialement aux journées de
juillet 1830, de janvier 1825 au 1er août 1830. — Dossier composé de 9 pièces et non de 8 comme le dit le Catalogue.

Il ne saurait faire doute que c'est là une correspondance
officielle qui doit prendre place aux Archives municipales de
Lyon.

N° 1187. — Quatre lettres de J. de Lacroix-Laval, maire de
Lyon, adressées de Paris à Victor de Verna, son adjoint, du
24 juillet au 22 août 1830, au sujet des événements.

Il résulte de la teneur de ces lettres, cotées 25, 26, 27 et 29,
qu'elles n'avaient pas à proprement parler un caractère officiel et qu'elles ont pu légitimement être gardées par leur des-
tinataire comme confidentielles et personnelles.

N° 1204. — Seize pièces concernant les événements de 1830 :

1° Lettre signée Nieyvre, à M. de Verna, adjoint, 28 juillet 1830. Demande de signature pour notifier aux imprimeurs,
un arrêté du Préfet. — Pièce officielle.

2° (Cotée n° 3). Du même au même, 28 juillet 1830.
Demande de signatures à des circulaires aux commissaires de
police et à la gendarmerie. — Pièce officielle.

3° (Cotée n° 5). Du baron de Saint-Aimé à M. de Verna,
adjoint, 29 juillet 1830. Avis au sujet de l'insurrection. — Pièce
officielle.

4° (Cotée n° 9). De Ruel, chef de bureau à la mairie, au maire de Lyon, 30 juillet 1830. Avis au sujet de l'insurrection. — Pièce officielle.

5° (Cotée n° 10). Lettre sans signature à M. de Verna, adjoint. Avis au sujet de l'insurrection. — Pièce officielle.

6° (Cotée n° 12). Du Commissaire de police au maire, 30 juillet 1830. Rapport sur une visite de la diligence de Paris. — Pièce officielle.

7° (Cotée n° 16). Lettre signée Clément adressée aux « autorités assemblées à l'Hôtel de Ville de Lyon », 30 juillet 1830. Avis de l'insurrection. — Pièce officielle.

8° (Cotée n° 77). Dépêche au Préfet, 30 juillet 1830. Ampliation pour la municipalité d'une dépêche de Paris. — Pièce officielle.

9° (Cotée n° 18). Minute d'un projet de lettre officielle de la municipalité de Lyon, au Dauphin pour lui demander des ordres, 1er août 1830.

Cette minute rédigée, semble-t-il, de la main de M. de Verna, nous paraît rentrer dans la catégorie des documents privés.

10° (Cotée n° 30). Minute de protestation de la municipalité contre l'envahissement de l'Hôtel de Ville. s. d.

Cette minute, de la main de M. de Verna, nous paraît avoir également le caractère d'un document privé.

11° (Cotée n° 21). Billet au maire de Lyon, au nom de la Commission provisoire de la garde nationale, pour lui demander d'être officiellement reconnue, 2 août, 4 heures. — Pièce officielle.

12° (Cotée n° 23). Minute et projet de protestation et de démission de la municipalité, 3 août 1830. — Paraît avoir un caractère privé.

13º (Cotée 24). De Ruel, chef de bureau à la mairie, à M. de Verna, 29 octobre 1830. — Avis que les minutes de lettres signalées par M. de Verna ont été brûlées. — Lettre privée.

14º (Cotée nº 28). Copie annotée, faite pour M. de Verna, d'une lettre de Vincent de Saint-Bonnet, du 7 septembre 1830, au sujet des cours prévôtales. — Pièce privée.

15º Billet s. d. de M. de Verna. Ordre de remettre son uniforme au porteur. — Pièce privée.

16º Rapport de commissaire de police au maire, 18 juillet 1830. — Pièce officielle.

Nº 1216. — 1º Deux lettres de Paultre-Delamotte, lieutenant-général, à M. de Lacroix-Laval, maire de Lyon, relatives aux événements de 1830. — Pièces officielles.

2º Une lettre du même à Victor de Verna 1831. — Lettre privée.

Nº 1220. — Ampliation d'un arrêté du Comité de Salut public, en date du 4 ventôse an III, créant un bureau de commerce près le Comité du Salut public.

Cette ampliation adressée très probablement à la commune de Lyon constitue un document officiel de nature à être légitimement revendiqué par les Archives municipales de Lyon.

§ 4. — DÉPARTEMENT DE L'ISÈRE

Les revendications directes du département de l'Isère ne portent que sur les deux numéros suivants :

N. — *Bailliage de Vienne.*

N° **1453**. — Registre des insinuations du bailliage de Vienne, commencé le 28 août 1591. — Registre original de 908 feuillets papier, reliure parchemin.

Le fonds du bailliage de Vienne est conservé actuellement aux Archives départementales de l'Isère, et il s'y trouve des registres d'insinuations analogues à celui-ci, mais dont aucun n'est antérieur, semble-t-il, au xviii° siècle.

Depuis la suppression de ce bailliage, ses titres sont restés déposés au greffe du Tribunal civil de Vienne, où pendant de longues années ils furent relégués dans un grenier, abandonnés à la poussière, à l'humidité et aux rats. Une décision du Garde des Sceaux, en date du 8 mai 1882, en ordonna le transfert aux Archives départementales de l'Isère. C'est probablement pendant la période d'abandon de ce fonds, dans un grenier du Tribunal de Vienne, que ce registre a été détourné. Quoi qu'il en soit, comme nul n'a pu avoir qualité pour l'aliéner, nous estimons qu'il est, en raison de sa nature et de sa provenance, un document public non susceptible d'appropriation privée.

O. — *Chartreuse de Salettes.*

N° **1253**. — Procès-verbaux des chapitres généraux des Chartreux, de 1321 à 1408. — Copie du xvii° siècle, reliée, en basane.

M. l'Archiviste de l'Isère, sur notre demande, nous a dit qu'il attribuait à ce registre la provenance indiquée ci-dessus pour les raisons suivantes : une partie des archives de la Chartreuse de Salettes qui auraient du être versées tout entières aux Archives de l'Isère, en vertu de la loi du 5 brumaire an V, est restée jusqu'à présent dans un coffre de la mairie de Crémieu, avec quelques autres épaves d'archives écclésias-tiques. C'est là que le baron de Verna aurait trouvé ce volume et l'aurait pris avec l'intention de l'utiliser pour ses études. Le n° 1408 du Catalogue de vente de la collection de Verna, qui se compose de copies et d'extraits faits de sa main, dont plusieurs d'après les titres de Salettes, témoigne en effet qu'il s'y intéressait. Cette conjecture est certainement vraisemblable ; mais, d'autre part, le manuscrit ne porte aucun signe qui indi-que sa provenance, et cette copie ne constitue même pas né-cessairement un document d'archives. Nous avons pu nous rendre compte, à Grenoble, en la comparant avec d'autres volumes provenant de diverses chartreuses, qu'elle avait cer-tainement été exécutée dans un couvent de Chartreux : la disposition, l'écriture, la reliure, l'étiquette collée au dos ne laissent pas de doute à cet égard, mais on ne saurait dire dans lequel, ni en suivre la trace. Dans ces conditions, il nous a paru qu'on ne saurait assurer que ce document provienne d'archives publiques.

§ 5. — VILLE DE CRÉMIEU

P. — *Archives municipales.*

Les archives de la petite ville de Crémieu, dont sa munici-palité paraît avoir eu grand soin sous l'ancien régime, comme en témoigne toute une série de délibérations depuis 1568 jus-qu'à la fin du xviiie siècle, sont restées déposées jusqu'au com-mencement de notre siècle dans un édifice nommé « la Maison du reclus ». De même que la plupart des archives communales, il semble qu'elles aient traversé toute la Révolution sans dommage appréciable ; du moins n'avons-nous trouvé trace d'aucune mesure qui ait pu leur porter préjudice ou même en disperser une partie. Transportées régulièrement plus tard dans les bâtiments aménagés pour recevoir la nouvelle mairie, elles y furent réunies, dans le local où elles se trouvent encore, aux archives des confréries et à celles de l'hôpital.

Contrairement aux assertions de la préface du Catalogue de vente, il ne semble pas que les documents de cette provenance qui se retrouvent dans la Collection de Verna aient été recueillis pendant la Révolution, ni sauvés de la destruction, encore moins qu'ils proviennent de fonctions publiques remplies à Crémieu depuis le xvᵉ siècle par la famille Dauphin. Avant la Révolution, les archives classées en bon ordre et inventoriées étaient placées sous la garde du secrétaire-greffier, mention était faite, sur les registres de délibérations, de tous les documents qui en étaient distraits, même temporairement.

S'il était possible d'admettre que quelques documents auraient pu cependant s'égarer chez un administrateur de la ville, le fait serait au contraire tout à fait invraisemblable pour la Charte originale des libertés de la ville, les séries de registres de délibérations, de registres paroissiaux, de registres et pièces de comptabilité, de dossiers, de procès, etc. Pendant la Révolution, tandis que les archives de Crémieu ne couraient aucun risque, les membres de la famille de Verna, dont le chef mourait sur l'échafaud révolutionnaire, avaient d'autres préoccupations que celles de recueillir de vieux papiers et de sauver des titres historiques qui n'étaient pas menacés. La vérité est plus simple. Si l'on parcourt le Catalogue de vente de la Collection de Verna, on y trouve mentionnés des recueils de copie, d'extraits, de notes, ou même de notices historiques sur l'histoire locale et plus spécialement sur la famille Dauphin. (Voy. les n°s 1408, 1409, 1413, 1421, 1424, 1425, 1429, 1440.) Au témoignage de plusieurs personnes qui ont vu ces cahiers, ils sont l'œuvre du baron Victor de Verna et expliquent, à notre avis, l'origine de sa collection de documents originaux, du moins en ce qui concerne Crémieu. Curieux de l'histoire de sa ville, et surtout de la généalogie de sa famille, il a dû au commencement du siècle, à la faveur de la situation qu'il avait à Crémieu, emprunter aux archives de la commune, probablement sans l'intention de se les approprier, mais pour les parcourir et faire des extraits, y prendre des notes, les documents qui l'intéressaient. Et c'est ainsi que pièce à pièce, registre à registre, les documents des archives communales ont dû, les uns après les autres, prendre le chemin du château d'Hautepierre, où ils restèrent négligés et presque oubliés plus tard, ce qui explique comment a pu s'accréditer, chez les héritiers de l'emprunteur, la légende qu'ils provenaient des ancêtres ou avaient été sauvés au moment de la Révolution.

Quoi qu'il en soit, du reste, et quelque opinion que l'on puisse avoir sur la bonne foi de leur possesseur, et sur le mode ou l'époque de leur acquisition, ces documents proviennent incontestablement des archives municipales de Crémieu, et, à ce titre, ils ont toujours appartenu en droit à un dépôt public et ne sont pas susceptibles d'appropriation privée.

N° **1401**. — Charte originale des libertés et franchises concédées à Crémieu par le Dauphin Jean II, le 20 juillet 1315. — Original scellé, parchemin, le sceau enlevé. Au dos la cote n° 180, au crayon, sous l'étiquette portant le n° du Catalogue.

Il n'est peut-être pas sans intérêt de noter que M. Delachenal, en publiant, en 1886, pour la première fois la charte de Crémieu, en a établi le texte d'après des copies des archives de Grenoble, et que, malgré les relations de bon voisinage qu'il entretenait avec M. de Verna, il n'a soupçonné, ni alors ni depuis, comme en témoigne son *Histoire de Crémieu*, publiée en 1889, que l'original, qu'il avait cherché vainement, se trouvait au château d'Hautepierre. Il est superflu de faire remarquer qu'un tel document appartient à la ville dont il est en quelque sorte le premier titre de noblesse.

N° 1407. — Registres des délibérations consulaires de la ville de Crémieu.— 16 registres et cahiers de papier, quelques-uns recouverts en parchemin : 1° registre comprenant les délibérations, les actes et les comptes de la commune, de 1512 à 1524. Sur la couverture : *Secunda papirus....* ; 2° Registre de délibérations, de 1557 à 1560, les derniers feuillets en mauvais état ; 3° Id., de 1569 à 1570. 4° Id., de 1572 à 1577, sur la couverture : « Série des ordonnances de la mairie consulaire de Crémieu » ; 5° Id., de 1577 à 1580, les derniers feuillets en mauvais état ; 6° Id., de 1585 à 1588 ; 7° Id., de 1590 à 1591 ; 8° Id., de 1594 à 1595, en mauvais état; 9° Id., de mai à décembre 1595 ; 10° Id., de 1611 à 1613 ; 11° Id., de 1616 à 1618, sur la couverture : « Lettres en maison consulaire de Crémieu » ; 12° Id., de 1618-1619 ; 13° Id. de janvier à novembre 1620, en mauvais état ; 14° Id., de 1620 à 1622 ; 15° Id., de 1630 à 1631 ; 16° Id., de 1633 à 1639, titre sur la couverture : « Registres de la maison consulaire de Crémieu, des années 1633, 1634, 1635, 1636, 1637, 1638 et 1339.

La provenance de ces registres ou fragments de registres

originaux répartis sur près d'un siècle et demi est évidente. Nous avons retrouvé, aux archives de Crémieu, la série bien incomplète des registres tout à fait analogues dont ceux-ci viennent combler les lacunes.

N° 1410. — Copies d'actes de l'administration consulaire de Crémieu de 1539 à 1543. — Un cahier de papier de format in-4°, non folioté.

La provenance de ce cahier est aussi certaine que celle des articles précédents, et il n'y a aucun doute pour nous qu'il ait été distrait des archives de Crémieu.

N° 1412. — Registre des mariages de la paroisse de Crémieu, de 1647 à 1674. Titre sur la couverture : « *Matrimoniorum codex* ». — Registre original de format agenda, relié en parchemin.

Les registres paroissiaux qui, en vertu de l'ordonnance de 1539, tenaient lieu de l'état civil, ont toujours constitué des documents publics, même avant leur réunion aux registres de l'état civil. Retirés des églises pour être transportés dans les maisons communes, en vertu de la loi du 20 septembre 1792 (titre VI, art. 1-5), ils ont été considérés depuis comme faisant partie des archives communales.

N° 1414. — 1° Registre d'actes de la ville et du mandement de Crémieu, de 1500 à 1512. Sur la couverture : t. I. *Papirus negotiorum ville et mandamenti Cremiaci anno quingentesimo;* — 2° Compte du Trézin, de 1529 à 1539, titre : *Censa emolumenti trezeni quod venditur ad menutum in villa et mandamento Cremiaci.* — Deux registres originaux papier.

Le n° 1 est tout à fait analogue au premier registre compris dans le n° 1407 ci-dessus. Il constitue la tête de série des registres municipaux de Crémieu, qui comprennent, pour cette époque, avec les délibérations, des procès-verbaux de nominations de magistrats communaux et des comptes.

Les comptes de Trézin, analogues au n° 2, sont nombreux encore dans les archives de Crémieu.

N° **1416**. — Pièces de comptabilité pour les garnisons de Crémieu de 1535 et 1541. — Cinq cahiers et feuillets de papier.

Ces pièces originales proviennent également, à n'en pas douter, des archives de Crémieu où l'on retrouve les analogues en abondance.

N° **1418**. — 1° Confirmation, par Louis XI, de la concession du droit de Trézin sur les vins à la ville de Crémieu pour l'entretien des murs, rues et fontaines de la ville. 26 juin 1472. — 2° Convocation pour l'entérinement desdites lettres au Parlement de Grenoble, 15 février 1473. — Deux pièces orig. scell. parch. Les sceaux manquent.

N° **1419**. — Quittances et documents divers administratifs concernant Crémieu, l'administration municipale, les garnisons, les finances, etc., de 1580 et 1581. — Cent trois pièces papier.

La provenance de ces pièces est également certaine. Beaucoup sont des pièces de comptabilité analogues au n° 1416. On retrouve des pièces analogues en grand nombre dans les archives de Crémieu.

N° **1420**. — Plans et cartes des mas de Frontonas, de Cros, de Leyssuet, etc. — Atlas de très grand format relié en parchemin, xviii° siècle.

Cet atlas se compose de plans parcellaires à une très grande échelle qu'on désigne en Dauphiné sous le nom de cartes littérales. Ces cartes, exécutées au xviiie siècle, étaient ordinairement le complément de terriers ou parcellaires, avec lesquels ils constituaient le cadastre du temps, exécuté dans le but de fixer la condition des terres au point du vue de l'impôt. Il s'en conserve dans un certain nombre d'archives communales de l'Isère et il n'est pas douteux que ce sont des documents publics. La commune de Crémieu a revendiqué celui ci, pensant qu'il devait se rapporter à des documents de son territoire. Mais, vérification faite à Crémieu et à Grenoble, ces cartes ne correspondent ni à des terriers, ni à aucun des quartiers du territoire, ou même de l'ancien mandement de Crémieu. La revendication de la commune de Crémieu n'est donc certainement pas fondée. Il est plus vraisemblable de croire que ce document provient des archives de la communauté de Frontonas, commune du canton de Crémieu, mais nous n'avons pas eu les moyens de vérifier cette attribution.

N° **1426**. — 1° Marché entre les consuls et syndics de Crémieu et un charpentier, pour travaux à une porte de la ville, avec garanties d'habitants de Crémieu, 20 mars 1390-91. — 2° Adjudication de quatre-vingts toises de maçonneries à exécuter aux murs de Crémieu, à imputer sur le revenu de Trézin, 10 janvier 1400-1401. — Deux pièces originales parchemin.

La provenance de ces deux pièces ne peut pas faire l'objet d'un doute.

N° **1433**. — Lettre du dauphin Charles ordonnant l'engagement ou l'aliénation des châteaux de Morestel et de Saint-

Nazaire en Royant, jusqu'à concurrence de 6,000 écus d'or, pour la solde des hommes d'armes qui vont en Lombardie (26 nov. 1421), insérée dans une lettre de Randon, duc de Joyeuse, conseiller et chambellan du roi, gouverneur du Dauphiné, par laquelle il confirme et garantit à perpétuité aux habitants de Crémieu, l'octroi du Trézin, pour les fortifications de la ville, 31 janv. 1422-1423. — Une pièce orig., scellée, parchemin.

Ces lettres constituant un privilège de la ville de Crémieu, leur provenance est certaine.

N° 1434. — 1° Reconnaissances faites, en 1437 et 1438, par les tenanciers sur les biens desquels avaient été constitués les revenus affectés à la fondation, en 1429, par Pierre Pellerin, damoiseau de Crémieu, d'une chapelle dans la nouvelle église des Augustins de Crémieu. — Un rouleau parchemin.

Ce document, provenant des Augustins de Crémieu, aurait dû, en vertu des lois révolutionnaires, être réuni aux archives du département de l'Isère. Mais, comme nous avons eu occasion de le dire (voy. plus haut p. 66), des papiers des établissements ecclésiastiques de Crémieu sont restés, jusqu'à nos jours, oubliés dans un coffre de l'Hôtel de Ville de Crémieu, où il se trouve encore précisément quelques documents des Augustins, et il ne semble pas douteux que ce soit de là que ce rouleau ait été distrait. Pour n'avoir pas été transporté au dépôt départemental, il n'appartenait pas moins à un dépôt public, et nous croyons qu'il y a lieu d'en admettre la revendication comme légitime au profit des Archives départementales de l'Isère.

N° 1435. — Lettres par lesquelles François d'Estouteville,

gouverneur du Dauphiné, certifie que les lettres de liberté de la ville de Crémieu ont été entérinées au Parlement de Grenoble, 11 mai 1536. — Une pièce orig., scellée, parchemin.

Cette pièce, rentrant dans la série des privilèges municipaux, la provenance n'en est pas douteuse.

N° 1436. — Donation d'un bichet de froment de revenu annuel, faite par Pierre Baudin dit de Party de Montgaudet, à la confrérie des prêtres de Crémieu, établie en l'honneur de la Nativité de la Vierge. 9 sept. 1428. — Une pièce originale parchemin.

Les archives des confréries sont comprises dans les archives municipales de Crémieu, ce qui rend certaine la provenance de cette pièce.

N° 1437. — Copie d'inventaire de production de pièces de Humbert Machy de Bonnardel, sieur de Passieu et autres lieux, contre les consuls et communautés de Romans et de Crémieu, 1638. — Un cahier de papier de 25 feuillets, cote ancienne, au dos : KK.

Si cette copie d'une pièce de procédure était isolée, on pourrait hésiter à se prononcer sur sa provenance ; mais, si on la rapproche de tous les autres documents de la collection de Verna, provenant des archives de Crémieu, il semble qu'il ne puisse y avoir doute que c'est de ce dépôt aussi qu'elle a été distraite.

N° 1438. — Arbitrage entre les habitants de Crémieu et les ouvriers de la monnaie Delphinale, établis dans la ville, 31 juillet 1418. — Rouleau original parchemin, de 2 mètres de longueur.

Il ne peut y avoir aucun doute sur la provenance de ce très intéressant document.

N° **1441**. — 1° Accord entre l'abbaye de St-Antoine de Viennois et les habitants de Crémieu, au sujet de la nouvelle route, établie par suite de l'ouverture de la porte de la Loy, murée en 1501, et qui devait traverser une vigne dépendant de la maison de St-Antoine, à Crémieu, 1503. — 2° Mandement de l'abbé à Etienne Bernard, procureur de la maison de St-Antoine, pour faire information sur cet accord, 30 mai 1503. — 3° Approbation, par Pierre Falco, précepteur général, de l'accord précédent, 3 juin 1503. — Trois pièces originales parchemin attachées ensemble, scellées de 4 sceaux.

Ces pièces constituant le titre du droit acquis par la ville de Crémieu, de faire passer un chemin à travers une vigne de la maison de St-Antoine, faisaient naturellement partie des archives municipales.

N° **1443**. — Pièces relatives à l'administration de la ville de Crémieu ; réquisition de bétail pour la nourriture des gens de guerre, 1537. — Répartition des redevances et prestations pour réparer et approvisionner le château de Quirieux, 1543, etc. — Sept cahiers et feuillets de papier.

N° **1444**. — Ordonnance d'exécution d'un arrêt du Parlement de Grenoble, de 1596, condamnant la ville de Crémieu à indemniser les habitants de Crémieu de leurs pertes pour saisie de bétail par un capitaine de chevau-légers, pour se payer d'une créance sur la ville. 30 juillet 1596 — 16 mai 1599. — Quatre pièces orig. scellées, 1 sceau mutilé.

N° **1445**. — Dossier d'un procès soutenu par la ville de

Crémieu, contre Geneviève de Paviot, au sujet du droit de mesurage du sel vendu à Crémieu. xvi⁰ et xvii⁰ siècles. — 103 pièces, dont 98 papier et 5 parchemin, en deux liasses.

N° 1446. — Dossier d'un procès soutenu par la ville de Crémieu, contre Vérance de Joanny, sieur de Pesnes, au sujet d'une obligation de 1,800 écus, souscrite en 1594, 1614 et 1615. — 32 pièces papier.

N° 1447. — Extraits des registres de la Cour de Crémieu et du Parlement de Grenoble et copie de pièces de procédure relatifs à un procès entre le fisc, d'une part, le seigneur de la Poype et de St-Jullin, et Michel de Montagnac de Sirieu, au commencement du xvi⁰ siècle. — Registre papier incomplet, commençant au folio 540, avec déficit des fol. 554 à 603, et se terminant au fol. 1048. Cote ancienne au fol. 604 : « Second cayer et premier feuillet, n° trois cent quatre vingt quatre ». Sur la couverture : « P[rocessus] fisci contra dominum Sancti Jullini n°. . . . . . » (le chiffre effacé peut être 1747 ou 1741).

Il paraît difficile de se prononcer sur la provenance de ce recueil ; il nous semble improbable, dans tous les cas, qu'il vienne des archives de Crémieu. S'il fallait hasarder une attribution, nous hésiterions entre le fonds du bailliage de Viennois, dont provient le n° 1453 (voy. ci-dessus p. 66), qui est aux Archives de l'Isère, et celui de la maison de la Poype, qui est aux Archives du Rhône, et dont on a vu que doit déjà provenir le n° 1403 (voy. plus haut, p. 27). Quoi qu'il en soit, il ne nous semble pas qu'on puisse admettre, comme légitime, la revendication de ce document par la ville de Crémieu.

Nº **1459**. — Marché entre les consuls et la ville de Crémieu, d'une part, Jean Romain dit Santoyant et Pierre de Lorme dit Chauminel, d'autre part, pour la construction d'une barbacane sur la porte des Moulins. 19 février 1400-1401. — Pièce orig. parchemin.

Nº **1460**. — 1º Ordonnance de Humbert II, dauphin de Viennois, sur les monnaies du Dauphiné, donnée à Avignon, le 3 août 1344, dans un vidimus du juge-mage de la Tour de Valbon et de Montluel, avec mandement aux consuls de Crémieu de publier ladite ordonnance aux lieux accoutumés. 5 septembre 1344. — 2º Acceptation par les parties d'une sentence arbitrale, sur la contestation survenue entre les habitants de Crémieu et les ouvriers de la monnaie Delphinale dudit lieu, au sujet de la charge de consul dont lesdits ouvriers se prétendaient exempts. 6 septembre 1448. — Deux pièces origin. parchemin, scellées.

Nº **1462**. — Bail du Trézin de Crémieu et prix fait pour 110 toises de maçonnerie aux murs de la ville. 2 janv. 1387-1388 (cf. plus haut, nº 1426, p. 73).— 2º Bail du Trézin pour 205 toises de maçonnerie du mur d'enceinte. 17 janvier 1391-92.— 3º Bail du Trézin pour 105 toises de maçonnerie. 29 juin 1398. — 4º Quittance donnée par un maçon pour prix de travaux exécutés pour la ville de Crémieu. 30 août 1392. — Quatre pièces originales parchemin.

Nº **1502**.— Pièce 5. Quittance notariée donnée par les consuls de Crémieu, au sujet du Trézin. 21 déc. 1402. — 15. Arrêt du Parlement de Grenoble, portant exemption de tailles en faveur de Benoît Chapuis, contre les consuls et habitants de Crémieu. 27 janvier 1605.— 16. Reconnaissance d'une redevance au pro-

fit d'une confrérie de Crémieu. 23 février 1519. — 26. Donation
à la confrérie du Saint-Esprit de Crémieu. 22 mai 1442. —
34. Accensement du Trézin. 4 janvier 1382-83 (cf. n° 1462 ci-
dessus, p. 78). — 38. Donation d'un bichet de froment par dame
Arthaude de Grólée à la confrérie des prêtres de Crémieu.
11 juin 1398 (cf. plus haut, n° 1436, p. 75). — 39. Quittance
donnée par Drevet-Manourie, notaire de la Côte-St-André, à
Pierre Bertaut, de Crémieu. 25 mai 1414. — 40. Quittance
donnée aux consuls de Crémieu par Pierre Laurent, dit Frai-
sier, pour premier paiement. 4 mai 1385. — 41. Vente et
approvisionnement fait par les religieux Augustins de Crémieu, à Antoine Carlin, d'une maison et jardin, à Veyron,
cotée au dos n° 283. 29 déc. 1547. — 42. Extrait d'un testament du 31 juillet 1411, de Louis Soffroi, contenant une
clause en faveur de la confrérie des prêtres de Crémieu.
30 août 1417. — 45. Donation à la confrérie des prêtres de
Crémieu, par Jean Gays de Chamanieu. 8 sept. 1394. —
47. Donation à la confrérie des prêtres de Crémieu, 30 oct.
1404. — 50. Accord entre la ville de Crémieu et le bâtard de
la Trémoille. 19 août 1454. — 51° Accord entre la ville de
Crémieu et le seigneur de Saint-Jullin. 9 mars 1525-26. —
58. Acte concernant la ville de Crémieu. 9 nov. 1371. —
64. *Pro consulibus ville Cresmiaci super aquœductum prope
ecclesiam fratrum.* 13 juillet 1347. — 67. Accord entre les
habitants de la ville et du mandement de Crémieu avec les
habitants de Trept et autres lieux. 20 mars 1457-58. —
71. Legs par Etiennot Guiffrey à la confrérie du Saint-Esprit,
de Crémieu. 21 déc. 1442. — 73. Mandement de Louis de
Bourbon, comte de Soissons, gouverneur du Dauphiné, au
sujet d'un procès des habitants de Crémieu contre Claude de

Montlouvier. 4 nov. 1617. — 74° Reconnaissance par les ouvriers de la monnaie de Crémieu d'une dette envers un hôtelier. 27 mai 1453. — 77. Donation à la confrérie des prêtres de Crémieu. 27 sept. 1553. — 77 *bis*. Accensement pour la confrérie des prêtres de Crémieu. 17 sept. 1553 (papier). — 80. Acte au profit de la confrérie de St-Antoine, de Crémieu. 14 juin 1408. — 81. Transaction passée par les consuls de Crémieu. 23 mars 1526. — 82. Fragment d'acte notarié, émané de Pierre Boissat, notaire apostolique de Vienne (s. d.). — 83. Lettre d'attache de Louis XIII, à la Cour des comptes de Provence, lui attribuant la connaissance d'un procès des consuls de Crémieu. 6 avril 1637. — En tout 25 pièces parchemin et 1 pièce papier.

Cet article 1502 doit se composer, d'après le catalogue imprimé, de 90 pièces parchemin ou environ, nous en avons compté 86. Ces pièces proviennent : les unes de l'hôpital de Crémieu (nous les énumérons plus loin) ; les autres, indiquées ici, des Archives municipales de Crémieu proprement dites. Nous observerons, néanmoins, que la pièce 41 doit provenir plutôt du couvent des Augustins, comme le n° 1434, indiqué ci dessus, et appartenir, comme lui et pour les mêmes raisons, aux Archives départementales de l'Isère ; que la provenance de la pièce 82, fragment sans importance, est tout à fait incertaine ; enfin, que la pièce 83, que nous avons rattachée au n° 1502, est l'un des documents envoyés au Procureur de la République, après le commencement d'enquête provoqué par la constatation des déficits de notre procès-verbal de récolement.

§ 6. — HOPITAL DE CRÉMIEU

Q. — *Archives hospitalières de Crémieu.*

L'hôpital de Saint-Antoine, de Crémieu, ancienne Commanderie de l'ordre de Saint-Antoine de Viennois, était placé, aux derniers siècles de l'ancien régime, sous le contrôle et la tutelle de l'administration municipale, et, dès cette époque, ses archives paraissent avoir été réunies à celles de la ville, ou du moins, placées dans le même dépôt. Ce qui en reste se trouve aujourd'hui encore à l'Hôtel de Ville, dans la même salle que les archives communales. C'est de là, sans doute, que sont sortis les documents retrouvés dans la Collection de Verna. Il y a tout lieu de croire, en effet, que les détournements des Archives hospitalières se sont accomplis à la même époque et dans les mêmes conditions que ceux des Archives communales, et que c'est peu à peu que le baron Victor de Verna, stimulé par sa curiosité, en vue de recherches sur l'histoire locale et surtout sur celle de sa famille, dont l'un des membres avait été bienfaiteur de l'hôpital, a acheminé vers le château d'Hautepierre les plus curieuses pièces, les titres les plus importants et jusqu'à l'ancien inventaire des archives hospitalières de Crémieu. Il les y aura laissés par négligence d'abord, espérant peut-être reprendre plus tard des recherches interrompues par sa carrière administrative et politique, lui-même ou ses héritiers les y auront oubliées, et le dernier possesseur en sera venu à croire peut-être, après la mort de l'emprunteur, qu'ils avaient été légitimement acquis.

Quelles que soient, du reste, l'époque et les conditions de leur entrée au château d'Hautepierre, et quand bien même nous nous tromperions à ce sujet, ces pièces, qui constituent en partie des titres de propriété pour les hospices de Crémieu, ne sont pas moins des documents publics, non susceptibles d'aliénation.

La nature d'un grand nombre d'entre eux suffit à en déterminer la provenance avec certitude ; d'autres, dont l'origine n'apparaît pas tout d'abord et qu'on pourrait croire des contrats privés, ont constitué les titres des propriétés acquises par l'hôpital. Grâce au concours obligeant de l'historien de Crémieu, M. Delachenal, nous avons pu en faire l'attribution avec non moins de certitude. Beaucoup de ces pièces, du reste, sont reconnaissables à leur cote ancienne, des mots latins empruntés à des prières, et notamment au *Pater* et au *Credo*, dont la suite avait servi à désigner les divisions des archives de l'hôpital.

N° 1404. — 1° Transaction entre P. Bertal, recteur de l'hôpital de Crémieu, et J. Bouet, au sujet de l'héritage de J. de Treffort. 24 oct. 1459. Expédition datée du 16 janvier 1519. — 2° Lettre de Théodore de St-Chamond, abbé de St-Antoine de Viennois, autorisant le précepteur de l'hôpital de Crémieu à poursuivre, au sujet du testament de J. de Treffort. 26 mai 1501. — 3° Transaction du 25 oct. 1509, au sujet de l'affaire précédente, et homologation du 14 mai 1510. — Trois pièces originales parchemin, deux sceaux. Ancienne cote : *Miser*.

N° 1405. — Testament de P. Petit, marchand de Crémieu, contenant un legs pour une église à construire dans l'hôpital de Crémieu et une clause de substitution en faveur des pauvres de cet hôpital. 14 mars 1361-1362. — 2° Extrait du même testament. — Deux pièces parchemin.

N° 1406. — Acte d'admission d'un habitant de Crémieu comme frère rendu de l'hôpital. 28 février 1383-84. — Une pièce parchemin.

N° 1411. — 1° Vente passée au profit de l'hôpital de Crémieu 18 février 1309-10. — 2° Nomination, par l'abbé de Saint-Antoine, d'un religieux de son monastère comme recteur de l'hôpital de Crémieu. 6 juin 1421. — Deux pièces orig. parchemin.

N° 1415. — 1° Echange de biens entre Pierre Fayet, de Lyon, et le recteur de l'hôpital de Crémieu. 2 mai 1513. — 2° Deux autres pièces relatives au même échange, du 11 mai et du 3 juin 1513. — Trois pièces orig. parchemin, deux sceaux.

N° 1417. — Registre terrier des biens de Treffort, de 1399 à 1402, avec quelques actes de 1490 à 1502. — Un registre papier folioté. Ecriture du xvie siècle.

Il résulte du n° 1404, analysé ci-dessus (p. 82), que les biens de Treffort ont été légués à l'hôpital de Crémieu; ce registre doit, en conséquence, provenir de l'hôpital.

N° 1422. — 1° Vente à l'hôpital de Crémieu. 2 juin 1370. — 2° Achat au recteur de l'hôpital, par P. Besson. 18 mars 1394-1395. — 3° Autre acquisition. 2 avril 1379. — 4° Accensement, par Jean Chevalier, recteur de l'hôpital. 14 décembre 1404. — 5° Donation à l'hôpital. 5 septembre 1406. — Cinq pièces parchemin.

Nº 1442. — Mandements délivrés par le gouverneur de Dauphiné, à la requête de frère Guichard Allard, commandeur de Saint-Antoine, de Crémieu, pour contraindre les tenanciers qui contestaient ses droits de directe. 18 janvier 1550-51 et 25 août 1551. — Deux pièces parchemin.

Nº 1448. — Terrier de l'hôpital Saint-Antoine, de Crémieu, reconnu-du 26 février au 15 mars 1472-73. — Un cahier de 25 feuillets papier.

Nº 1449. — 1º Vente, par Pierre de Saint-Chef et Jean Pelat, à l'hôpital, d'une terre située à Crémieu, sous le sceau de Guichard *de Palaniso*, damoiseau. Décembre 1298. — Cote ancienne au dos : *Fiat*. — 2º Testament de Jacques Chevalier, rendu et recteur de l'hôpital, par lequel il institue l'hôpital légataire universel. 11 octobre 1407. — Deux pièces orig. parchemin.

Nº 1455. — 1º Réception, par les prêtres recteurs de l'hôpital de Crémieu, avec l'assentiment du consulat, d'Etienne Voirin et de Thomasse, sa femme, comme rendus de l'hôpital avec autorisation de résider dans leur maison. 2 décembre 1380. — Réception semblable de Guillement Chalamon de Peyrieu et de Jacquemette, sa femme. 12 octobre 1399. — Deux pièces orig. parchemin ; au dos de l'une d'elle, cote ancienne : *Pillato*.

Nº 1456.—Inventaire, par Pierre Beczon, recteur de l'hôpital de Crémieu, de meubles, ustensiles, animaux domestiques, etc., ainsi que des titres des archives de l'hôpital. 5 novembre 1406. — Une pièce orig. parchemin.

Nº 1457. — Donations, ventes, accensements, reconnaissances, échanges et autres actes au profit de l'hôpital de Crémieu en date des 26 février 1359-60, 3 mai 1385, 19 avril 1407, 26 mars 1408, 12 juillet 1411, 26 octobre 1414, 28 août 1416, 27 novembre 1422, 3 janvier 1510-11. — Neuf pièces parchemin.

N° 1458. — 1° Bail emphythéotique de biens de l'hôpital de Crémieu, situés à Sainte-Marie-de-Tortaz, à Soffroi Soffroi. 18 juillet 1386. — 2° Échanges conclus entre le recteur de l'hôpital et la chapellenie de Sainte-Marie-Madeleine, du prieuré de Saint-Hippolyte de Crémieu. 13 février 1397-98 et 14 avril 1398.—3° Vente, par l'hôpital, de biens sis à Sainte-Marie-de-Tortaz. — Trois pièces orig. scellées, parchemin.

N° 1461. — 1° Accord au sujet des redevances dues à l'hôpital sur un moulin de la rivière de Vanz, près des fossés neufs de Crémieu. 2 août 1296. — 2° Accord au sujet d'un droit de passage réclamé par l'hôpital. 23 janvier 1426-27. — 3° Arbitrage au sujet d'un bois de l'hôpital. 14 décembre 1499. — Trois pièces originales parchemin.

N° 1463. — 1° Publication du mariage d'un frère rendu de la Maison-Dieu de Crémieu, stipulant l'admission de la future épouse comme « rendue confrère » et sœur dudit hôpital, moyennant dix florins d'or. 20 avril 1385.— 2° Arbitrage entre l'hôpital et les héritiers d'une sœur rendue dudit hôpital. 2 août 1402. — Deux pièces orig. parchemin.

N° 1464. — Obligation de 24 écus, souscrite par Mathieu du Pont, citoyen de Lyon, au profit de frère Louis de Romans, précepteur de l'hôpital de Crémieu, agissant en son nom personnel. 24 mai 1427.—Expédition du xvi° siècle, sur parchemin.

Il est bien probable que cette pièce provient, comme toutes les précédentes, de l'hôpital de Crémieu; le fait cependant que le précepteur de l'hôpital agit en son nom personnel pourrait à la rigueur inspirer quelques doutes.

N° 1465. — Expédition du testament de Mathieu de Vernas, en date du 16 novembre 1411, faite le 22 octobre 1509 par Jean Thibaud, notaire à Crémieu, d'après les protocoles de François Cristin, pour Pierre Bertal, précepteur de l'hôpital de Saint Antoine de Crémieu et à sa requête. — Une pièce parchemin. Au dos, d'une écriture du xvi° siècle : *Testamentum Mathei de Vernas faciens pro preceptoria Sancti Antonii Cremiaci* ».

On pourrait croire à première vue qu'il s'agit d'un document de famille, mais le fait que cette expédition a été faite au profit et à la requête du précepteur de l'hôpital ne laisse aucun doute sur sa provenance.

N° 1502. — Pièce 1. Vente par Jean Rut et Etiennette, sa femme, à deux marchands de Crémieu, Pierre Mélicant et Pierre Pitit, d'une terre à Pierre Plaine. 2 juin 1346. — 2. Arrentement d'une vigne, par le recteur de l'hôpital de Crémieu, à un ouvrier de la Monnaie de cette ville. 31 déc. 1431. — 3. Vente d'une terre, sise à Montluel, à l'hôpital de Crémieu. 6 mai 1417-18. — 4. Vente d'une maison, sise à Crémieu, par Laurent *Molocens* à Rose, femme de Jourdain Fournier. 25 oct. 1384. — 6. Quittance notariée de Jean Vital à Guillemet Arthaud, de Crémieu, pour reddition de compte de tutelle. 8 nov. 1385. — 7. Vente, par Jean-François de Chamanieu, à Georges Pascal d'un cens annuel d'un bichet de froment. 12 avril 1447. — 8. Vente

par Jeannette Syouda, veuve de Péronni Syouda, de Chavanoz
à Johannin Berlioz, de Colombier, de tout ce qu'elle possède à
Sangnieu. 23 août 1386. Au dos, transcription d'un acte du 4
mars 1405-1406. — 9. Vente, par Etienne Sellenon, d'Optevoz, à
Antoine Meyer, de Crémieu, de trois bichets de froment de service
censuel. 12 sept. 1347. — 10. Vente, par Pierre Montaignieu,
comme tuteur des enfants de son frère, à Guillemet Arthaud,
de Crémieu, d'une maison à Crémieu. 24 mars 1385. —
11. Vente, par Vincent Balbi, à Etienne Meygnieu, de Grossas,
de ses droits sur le moulin de la Fare, près Crémieu. 29 novembre 1319. — 12. Donation d'un courtil et de vignes, par André
Perrot, de Crémieu, à l'hôpital. 24 avril 1386. — 13. Vente, par
Jeannette, veuve de Laurent *Molocens* et Jacquette sa fille, à Per-
rin dit Petit-Duret, de Crémieu, d'une maison à Crémieu. 27 janv.
1356-57. — 14. Echange entre Louis de Loras, seigneur de Mont-
plaisant, et Pierre Bertal, commandeur de St-Antoine de Crémieu. 6 mars 1500-1501. — 17. Acquisition de cens, servis,
usages pour les consuls de Crémieu, au profit de l'hôpital.
5 févr. 1387-88. — 18. Reconnaissance de servis au profit de
frère Louis de Romans, religieux de l'ordre de St-Antoine.
4 mars 1413-14. — 19. Vente par Jean Guippon à Julien de
Champyon, recteur et administrateur de l'hôpital, de granges
et vignes à Crémieu. 29 janv. 1390-91. — 20. Convention entre
Jean Pastorel, prévôt de Crémieu, et l'administration de l'hôpital. 24 févr. 1369-1370. — 21. Admission de Jean de Vaux et
de Jeannette, sa femme, comme rendus de l'hôpital, 30 août
1398. — 22. Vente par Omer de Leyrieu à la Maison Dieu de
Crémieu. 31 mai 1315. — 23. Vente par Humbert Jean à Humbert Collet, agissant au nom de l'hôpital de Crémieu. Mars
1291-92. — 24. Vente par Jean des Granges, curé de Bren (?), à

Vincent Sellenon, prêtre, et Jacquard de Courtenay, rendu de l'hôpital de Crémieu, d'une pièce de terre à Crémieu. 28 mai 1315. — 25. Acte concernant un tenancier de l'hôpital de Crémieu. 27 février 1397-98. — 27. Reconnaissance au profit de Jean de Treffort, de Crémieu. 28 août 1392. — 28. Donation à l'hôpital de Crémieu par Johannet, de Crémieu. Février 1296-97. — 29. Vente par Henri d'Hièves, à Peronni Syouda, 1er déc. 1300. Cote au dos : *Credo.* — 30. Vente, par Martin de Charroy, de Cosans à Jean Meyer. 19 mai 1304. — 31. Vente, par Guichard de Montais, à Jean Johannin de Bressieux de divers services et cens. 16 févr. 1323-24. — 32. Vente d'une maison au prieur de l'hôpital de Crémieu. 31 juillet 1326. — 33. Reconnaissance, au profit de frère Humbert de Romans, commandeur de l'hôpital de Crémieu. 18 oct. 1424. — 35. Vente, par Guillaume Baddens, de St-Georges-d'Espérance, à l'hôpital de Crémieu. 1er juin 1280. — 36. Acte concernant l'hôpital de Crémieu. Première moitié du XVIe siècle. — 37. Admission de deux rendus par les consuls et les administrateurs de l'hôpital de Crémieu. 1er janvier 1384-85. — 41 *bis.* Vente, par Humbert Juvaret, de Crémieu, à Etienne Voisin, de Candieu, d'un réachat, à lui concédé par Laurent Reverchon, d'un bichet de froment. 1365, 15 mai. Coté : *Da nobis.* — 43. Vente, par Jean Taffinel et Jean, fils de Guillaume Taffinel, et autres, à Perroni Syout, de Chavanot. 12 déc. 1335. Coté : *Patrem.* — 44. Legs à l'hôpital de Crémieu, par Jean Gilibert, prêtre. 27 mai 1405. Coté : *Sancta-Maria.* — 46. Donation par Jean Pagniaud à l'hôpital de Crémieu. 3 février 1407-1408. — 48. Compromis entre Guillemette, veuve d'Antoine Meyer, et Pierre et Jean de Vorgeya. 24 juin 1360. Coté : *Cœlo.* — 49. Extrait du testament de Jacques Thibaut, meunier, du 20 février 1366-1367, en faveur de l'hôpital de Crémieu. Expédition du 8 août 1383. — 52. Transaction entre Jean Martin et frère Philippe de Lettre, précepteur de l'hôpital de Crémieu. 23 mai 1486. — 53. Accensement, par Jean Benoist, de Crémieu. 21 avril 1474. — 54. Vente, par Humbert de Malline à Jean de Treffort, d'un minot de blé censuel. 20 oct. 1359. — 55. Vente à frère Louis de Romans, précepteur de l'hôpital. 6 août 1428. — 56. Vente par André Perrot, de Crémieu, à l'hôpital de Crémieu. 3 avril 1397. — 57. Bail emphythéotique consenti par Antoine de Lettre, commandeur de l'hôpital de Crémieu. 26 mai 1447. — 59. Vente par Odet de St-Gengoux, de Crémieu, à Etienne Sivord, du même lieu. 1er mars 1379-80. — 60. Acte au profit de l'hôpital de Crémieu. 7 janv. 1454-55. — 61. Articles pour frère Pierre Bertal, commandeur de l'hôpital de Crémieu, contre Jean Briançon. Papier, xvie siècle. — 62. Vente, par Louis de Romans, commandeur de l'hôpital de Crémieu, à Perronnet de Croix. 3 nov. 1434. — 63. Vente par Christophe Bisset, de Genas, à Georges Pascal, de Crémieu. 25 fév. 1443-44. — 65. Donation par Jean Curtat, à l'hôpital de Crémieu. 5 nov. 1373. — 66. Reconnaissance par Jean Bartet, de Crémieu, au profit de Jean de Treffort. 28 déc. 1422. — 68. Vente par Etienne Métral, de Trept, à Pierre Moliquant, de Crémieu. 15 déc. 1342. — 69. Reconnaissance, par Claude Granton au profit de l'hôpital de Crémieu. 14 juillet 1475. — 70. Vente par Claude Rostaing à l'hôpital de Crémieu, 11 sept. 1493. — 72. Reconnaissance par Pierre Mias, d'une dette envers Claude Grosset. 15 déc. 1490. — 75. Lettre de Philippe de Lettre, commandeur de l'hôpital. 17 juillet 1475. — 76. Vente par Jean Maugiron à Giron de la Maladière. 6 avril 1469. — 78. Donation par Jeanne, veuve de Pierre Cristin, de Courtenay, à un de ses neveux. 22 janv. 1500-1501. — 79. Acte de Guignard Paillasson 10 octobre 1524. —

84. Echange de biens de l'hôpital de Crémieu, conclu par les consuls de Crémieu, assistés de huit conseillers de la maison consulaire, 13 oct. 1556. — En tout, 59 pièces parchemin et 1 pièce papier.

Une partie de cet article se compose de pièces provenant des Archives communales; nous les avons énumérées ci-dessus (v. plus haut, p. 78). Toutes celles que nous avons énumérées ici, proviennent certainement de l'hôpital, ainsi qu'en témoignent leur nature, les noms des propriétés dont elles constituent les titres, ou leurs anciennes cotes. La pièce 84, est l'un des documents envoyés postérieurement à notre procès-verbal de récolement et que nous avons cru devoir rattacher, pour le compléter, à ce n° 1502.

NOTE ADDITIONNELLE

Parmi les pièces adressées par le libraire Brun au Procureur de la République, à la suite de la réclamation des déficits constatés par notre procès-verbal de récolement, se trouvent les deux articles suivants, qui n'étaient pas compris dans nos réclamations et ne figuraient pas au Catalogue de vente, mais qui proviennent évidemment de dépôts publics :

1° Trois dossiers de pièces de procédure du xvi° siècle, relatives à la ville de Crémieu.

Ces dossiers, en tout semblables à ceux qui sont compris dans les revendications de la ville de Crémieu, proviennent évidemment de ses archives ;

2° Vente d'un bois, par des habitants de Crémieu à Girard, de la Poype. 4 juin 1388. — Une pièce orig. parchemin. Au dos, analyse et cote ancienne : « Vente d'un bois sciz à Servignes, par Laurent et Barthel Prayverrier, Mathia, femme dudit Barthélémy, à noble seigneur Girard de la Poype. 4 juin 1388. Numéro cent quatorze ».

Cette cote est celle des documents du fonds de la Poype, aux Archives du Rhône, dont cette pièce provient évidemment, ainsi que le n° 1403 du Catalogue (v. plus haut p. 27).

CONCLUSIONS

En résumé, nous concluons :

I. — *En ce qui touche les revendications du département du Rhône :*

A. — Qu'il y a lieu de considérer comme appartenant au domaine public, les documents suivants, — les uns provenant d'établissements de l'Etat et qui n'ont, par conséquent, jamais été susceptibles d'appropriation privée ; les autres ayant été incontestablement incorporés à des archives publiques, — dèsignés par les cotes du présent rapport et les numéros du Catalogue de vente :

1° Cote A, n°ˢ 1363; (sous cette réserve que cet article était également compris dans les revendications du département de la Loire) et 1383, provenant du fonds du Bureau des Finances de Lyon ;

2° Cote B, n° 1403, provenant du fonds de la Poype, auquel il faut ajouter le document indiqué dans la note additionnelle (p. 90), sous le n° 2 ;

3° Cote C, n°ˢ 1297 et 1310, provenant du fonds de l'Église métropolitaine;

4° Cote E, n° 1307, provenant du Chapitre de Saint-Paul;

5° Cote G, n° 1303, provenant de l'abbaye d'Ainay;

B. — Qu'il y a tout lieu de croire qu'il y a eu détournement d'un dépôt public, sans que la preuve matérielle en puisse être faite d'une manière certaine pour les n°ˢ suivants :

1° Cote C, n°ˢ 1311 et 1488, provenant du Chapitre métropolitain, auquel on pourrait joindre le n° 1370 (cote L), de même provenance, mais compris dans les revendications de la Loire;

2° Cote D, n° 1299, provenant de l'église de St-Just;

3° Cote E, n°ˢ 1305 et 1306, provenant du Chapitre de Saint-Paul.

4° Cote G, n°ˢ 1308 et 1479, provenant de l'abbaye d'Ainay;

5° Cote H, n°ˢ 1346, 1347, 1348, provenant de l'abbaye de Savigny;

6° Cote I, n°ˢ 1334, 1337, 1392, 1393, 1472, provenant de l'Ordre de Malte;

7° Cote J, n°ˢ 1300, 1301, provenant de l'hôpital Saint-Antoine.

C. — Qu'il y a les mêmes présomptions, mais avec plus de réserves, pour les numéros suivants :

1° Cote F, n° 1323, provenant de l'église de Thizy;

2° Cote G, n°ˢ 1302, 1477, provenant de l'abbaye d'Ainay.

D. — Qu'on ne saurait affirmer, ni même présumer d'une façon suffisante la provenance d'archives publiques des numéros suivants :

1° Cote A, n° 1309;

2° Cote K, n° 1325.

II. — *En ce qui touche les revendications du département de la Loire :*

A. — Qu'il y a lieu de considérer comme provenant d'archives d'Etat et appartenant au domaine public les numéros suivants :

1° Cote L, n°˙ 1355, 1356, 1357, 1358, 1360, sous cette réserve que ce numéro, non signalé dans le jugement, n'est mentionné ici que parce qu'il était compris dans la saisie et figurait dans les conclusions, 1361, 1362, 1363, sous cette réserve que cet article est également compris dans les revendications du département du Rhône, 1364, 1365, 1366, 1367, 1372, 1374, 1375, 1376, 1382, 1384, 1487, 1489, provenant de la Chambre des Comptes du Forez.

B. — Qu'il y a lieu de considérer comme ne pouvant pas être valablement revendiqué à raison de sa provenance tout à fait incertaine l'article suivant :

Cote L, n° 1368.

C. — Qu'il y a lieu d'attribuer au département du Rhône, sous les réserves indiquées au § B 1° des conclusions touchant ce département, le n° 1370 (cote L), qui provient, non pas de la Chambre des Comptes de Montbrison, mais des archives de l'église métropolitaine de Lyon.

III. — *En ce qui touche les revendications de la ville de Lyon :*

A. — Qu'il y a lieu de considérer comme provenant des bureaux de l'Hôtel-de-Ville de Lyon et appartenant au domaine public communal, imprescriptible et inaliénable, les numéros suivants du catalogue :

Cote M, n°ˢ 1163, 1204, pièces 1, 2, 3, 4, 5, 6, 7, 8, 11, 16; 1216, pièce 1; 1220.

B. — Qu'il y a lieu de considérer, comme correspondance personnelle de M. de Verna, les numéros :

Cote M, n°ˢ 1187, 1204, pièces 9, 10, 12, 13, 14, 15; 1216, pièce 2.

IV. — *En ce qui touche les revendications communes du département de l'Isère, de la ville et des hospices de Crémieu :*

1° *Pour le département de l'Isère :*

A. — Qu'il y a lieu de considérer le n° 1453 (cote N) comme document provenant des archives d'un établissement public, et, par conséquent, non susceptible d'appropriation privée.

B. — Qu'il y a lieu, au contraire, d'estimer que la preuve de la provenance et du détournement d'un dépôt public du n° 1253 (cote O) n'est pas suffisante pour qu'il puisse être légitimement revendiqué.

C. — Qu'il y a lieu de considérer les n°ˢ 1434 et 1502, pièce 41 (cote P), comme appartenant aux archives de l'Isère, bien qu'ils aient été détournés, selon toute apparence des archives de Crémieu.

2° *Pour la ville de Crémieu :*

A. — Qu'il y a lieu de considérer comme appartenant aux archives municipales les numéros suivants :

Cote P, n°ˢ 1401, 1407, 1410, 1412, 1414, 1416, 1418, 1419, 1426, 1433, 1435, 1436, 1437, 1438, 1441, 1443, 1444, 1445, 1446, 1459, 1460, 1462 et 1502, pièces 5, 15, 16, 26, 34, 38,

39, 40, 42, 45, 47, 50, 51, 58, 64, 67, 71, 73, 74, 77, 77 *bis*, 80, 81, 83, auxquels il faut ajouter les dossiers indiqués dans la note additionnelle (p. 90) sous le n° 1°.

B. — Que les numéros 1434 et 1502, pièce 41 (cote P), bien que provenant des archives municipales de Crémieu, doivent appartenir plutôt aux archives de l'Isère, comme il a été dit plus haut.

C. — Que les numéros 1420, 1447 et 1502, pièce 82, (cote P) sont de provenance incertaine et ne sauraient dès lors être attribués aux archives de Crémieu.

3° *Pour l'hôpital de Crémieu :*

Qu'il y a lieu de considérer comme provenant des archives hospitalières de Crémieu, et leur appartenant, les numéros suivants :

Cote Q, n°s 1404, 1405, 1406, 1411, 1415, 1417, 1422, 1448, 1449, 1455, 1456, 1457, 1458, 1461, 1463, 1464, 1465 et 1502, pièces 1, 2, 3, 4, 6, 7, 8, 9, 10, 11, 12, 13, 14, 17, 18, 19, 20, 21, 22, 23, 24, 25, 27, 28, 29, 30, 31, 32, 33, 35, 36, 37, 41 *bis*, 43, 44, 46, 48, 49, 52, 53, 54, 55, 56, 57, 59, 60, 61, 62, 63, 65, 66, 68, 69, 70, 72, 75, 76, 78, 79, 84.

Une raison majeure ayant empêché l'un de nous de se trouver à Lyon à l'époque fixée par nous pour terminer nos opérations, relire et clore le présent rapport, nous n'avons pu en faire le dépôt dans le délai imparti par les jugements du vingt février mil huit cent quatre-vingt-dix-sept ;

Nos pouvoirs ayant été en conséquence prorogés jusqu'au douze février mil huit cent quatre-vingt-dix-huit, par jugement du Tribunal civil de Lyon, en date du cinq janvier mil huit cent quatre-vingt-dix-huit, le quinze du mois de janvier mil huit cent quatrevingt-dix-huit, nous avons relu ce procès-verbal et rapport, l'avons clos et signé et remis à M. Clédat, pour être déposé par lui entre les mains de M. le Greffier du Tribunal civil de Lyon.

Signé : A. Giry, L. Clédat, A. Coville.

Enregistré à Lyon, le 8 février 1898, folio 1178 ; reçu trois francs 75 centimes.

Signé : Girod.

Ce jourd'hui huit février mil huit cent quatre-vingt-dix huit, au Greffe du Tribunal civil de Lyon, a comparu M. Clédat, lequel a déclaré déposer un rapport dressé par MM. Giry, Clédat et Coville, dans l'instance liée entre les départements de l'Isère, du Rhône et de la Loire et la ville de Lyon, d'une part, et les héritiers de M. de Verna, d'autre part ; ledit rapport clos et enregistré le huit février mil huit cent quatre-vingt-dix-huit, n° 1178, au droit de trois francs 75 centimes.

Dont acte.

Signé : Luc.

Enregistré à Lyon, le 19 février 1898, folio 18, case 2 ; reçu cinq francs 63 centimes.

Signé : Girod.

Pour expédition :

Le Greffier,

Limosin.

TABLE DES MATIÈRES

§ 3. — VILLE DE LYON

§ 4. — DÉPARTEMENT DE L'ISÈRE

§ 5. — VILLE DE CRÉMIEU

§ 6. — HOPITAL DE CRÉMIEU

CONCLUSIONS

Observation pour le n° 1479 *du Catalogue, p. 42 du rapport de MM. les Experts, dans l'affaire de Verna.*

Une erreur matérielle, mais qui ne change en somme rien aux conclusions, s'est produite dans la relation des explications de l'Archiviste du Rhône, au sujet de la pièce concernant le droit de propriété de l'abbaye d'Ainay sur la place Bellecour. Ces explications devraient être ainsi rectifiées :

Les historiens lyonnais qui ont parlé de Bellecour ne spécifient point la propriété d'Ainay sur la totalité du tènement de Bellecour.

Le *Petit précis historique sur le tènement de Bellecour,* publié par M. Morel de Voleine, en 1862, ne mentionne même pas Ainay, on y lit, en effet, « le titre le plus ancien relatif au « tènement de Bellecour, remonte à l'an 1247. A cette épo- « que, les chapitres de Saint-Jean, de Saint-Just et de Saint- « Paul en étaient seigneurs. En 1436, il appartenait à Jean le « Viste ».

Cet opuscule, rédigé vraisemblablement au commencement du siècle, a été soigneusement annoté par M. Morel de Voleine père, archiviste de la ville de Lyon, de 1824 à 1828.

Fleury la Serve, dans un article sur l'abbaye et l'église d'Ainay (*Lyon ancien et moderne,* 1838, p. 25), mentionne la directe d'Ainay sur Bellecour, mais en concours avec l'arche-vêque : « Tout le quartier d'Ainay, hors le cloître au dedans et « au dehors de la ville, ne renfermait que quelques maisons et « granges, et le territoire était divisé en quelques grands « tènements, comme ceux du Plat et de Bellecour, qui étaient « possédés par les familles les plus distinguées, ces tènements

« étaient placés vis-à-vis de l'abbaye dans une position ana-
« logue à celle des propriétés actuelles vis-à-vis le fisc royal,
« c'est-à-dire que l'abbé percevait ses droits sur les actes de
« ventes et transmissions. Par exemple : dans le xive siècle,
« Jean le Viste, docteur ès lois, devint seigneur de Belle-
« cour..... Il en prit l'investiture de Guillaume, abbé
« d'Aînay, à qui l'Archevêque Charles d'Alençon écrivit le
« billet suivant pour la modération des laods dus par Jean
« le Viste : « Mon cher amy, nous vous certifions que nous
« sommes convenus avec Jean le Viste, nostre conseiller et le
« vostre, touchant la portion des laods qu'il vous devoit à
« cause de son acquisition du tènement de Bellecour et que
« nous en avons receu cinquante livres, vous priant de vous
« contenter de semblable somme, *quoyque vostre droit y soit*
« *plus médiocre et moindre que le nostre...,* »..Page 26 : « Les
« limites de la juridiction de l'abbaye partaient des dicts esca-
« liers de la maison de la Francherie, longeaient Bellecour,
« le quartier Bourg Chanin et descendaient jusqu'au Rhône.
« Cette juridiction s'exerçait ainsi : Toute juridiction haute et
« basse dans les limites ci-dessus désignées, était *commune*
« *entre l'archevêque* et l'abbé d'Ainay »......

Cochard, au contraire, *Guide du voyageur* à Lyon, p. 532,
dit : « le tènement de Bellecour dépendait originairement de
« l'abbaye d'Ainay »; et dans sa *Description historique de
Lyon*, publiée en 1817, p. 32, « le tènement de Bellecour
dépendait originairement de l'abbaye d'Ainay et s'étendait
jusqu'au Rhône »..., et, p. 34, « anciennement un chemin
séparait, du coté du midi, le tènement de Bellecour de celui du
Plat. Ce dernier, connu aussi sous les dénominations de Pré et
de Plan d'Ainay, s'étendait jusqu'à la rue Sainte-Hélène. Il

avait été abbénévisé au commencement du xiiie siècle par les abbés d'Ainay ».

Il y a donc lieu de présumer que Cochard, généralement précis et exact, a eu entre mains un document probant et que ce document est celui de la collection de Verna.

Cette conclusion est d'autant plus plausible qu'un des derniers auteurs qui ait écrit sur le sujet, M. A. Vachez, qui passe pour épuiser les sources originales d'information, bien qu'ayant eu à sa disposition les cartulaires d'Ainay, mentionnant des ventes, mais seulement du xive siècle, évite de se prononcer et ne parle que de la juridiction commune avec l'archevêque.

« A Lyon, enfin, c'était dans le quartier de Saint-Sébastien « et dans celui de Saint-Michel, depuis le côté nord de la « place actuelle de Bellecour jusqu'au confluent des deux « fleuves, qu'il partageait avec l'archevêque les droits de « juridiction à tous les degrés ». (*Grand cartulaire d'Ainay*, tome ii, p. 9.)

Il est à remarquer en outre, comme pour plusieurs numéros des collections de Verna et Coste que si, dans le Catalogue de Verna on trouve cette pièce sur Bellecour provenant du fonds d'Ainay, on trouve dans le Catalogue Coste, n° 2690, un autre document sur Bellecour provenant du fonds de la Platière, « extraits de plusieurs actes de vente pour prouver que la directe de la place Bellecour appartient au prieuré de la Platière de 1299 à 1391. M^s in-fol., 10 feuillets ».

Lettre de MM. les Experts, à l'Archiviste du Rhône,
approuvant la note précédente.

27 avril 1898.

Monsieur et cher Confrère,

Nous avons pris connaissance de la note que vous nous avez communiquée au sujet des observations dont nous avons fait suivre l'analyse du n° 1479, du Catalogue de vente de la collection de Verna dans notre rapport d'expertise.

Il est certain, en effet, qu'une erreur matérielle, résultant d'une confusion, s'est glissée dans la relation des explications que nous vous avons attribuées et que ces explications devraient être rectifiées comme vous l'indiquez dans votre note. Il ne nous est malheureusement plus possible de faire une correction à notre rapport, mais nous nous empressons de vous donner acte du bien fondé de votre réclamation; nous devons ajouter qu'elle ne nous paraît pas de nature à modifier en quoi que ce soit notre opinion sur la revendication de ce document.

Recevez, Monsieur et cher Confrère, l'assurance de nos sentiments les plus distingués.

A. GIRY, L. CLÉDAT, A. COVILLE.

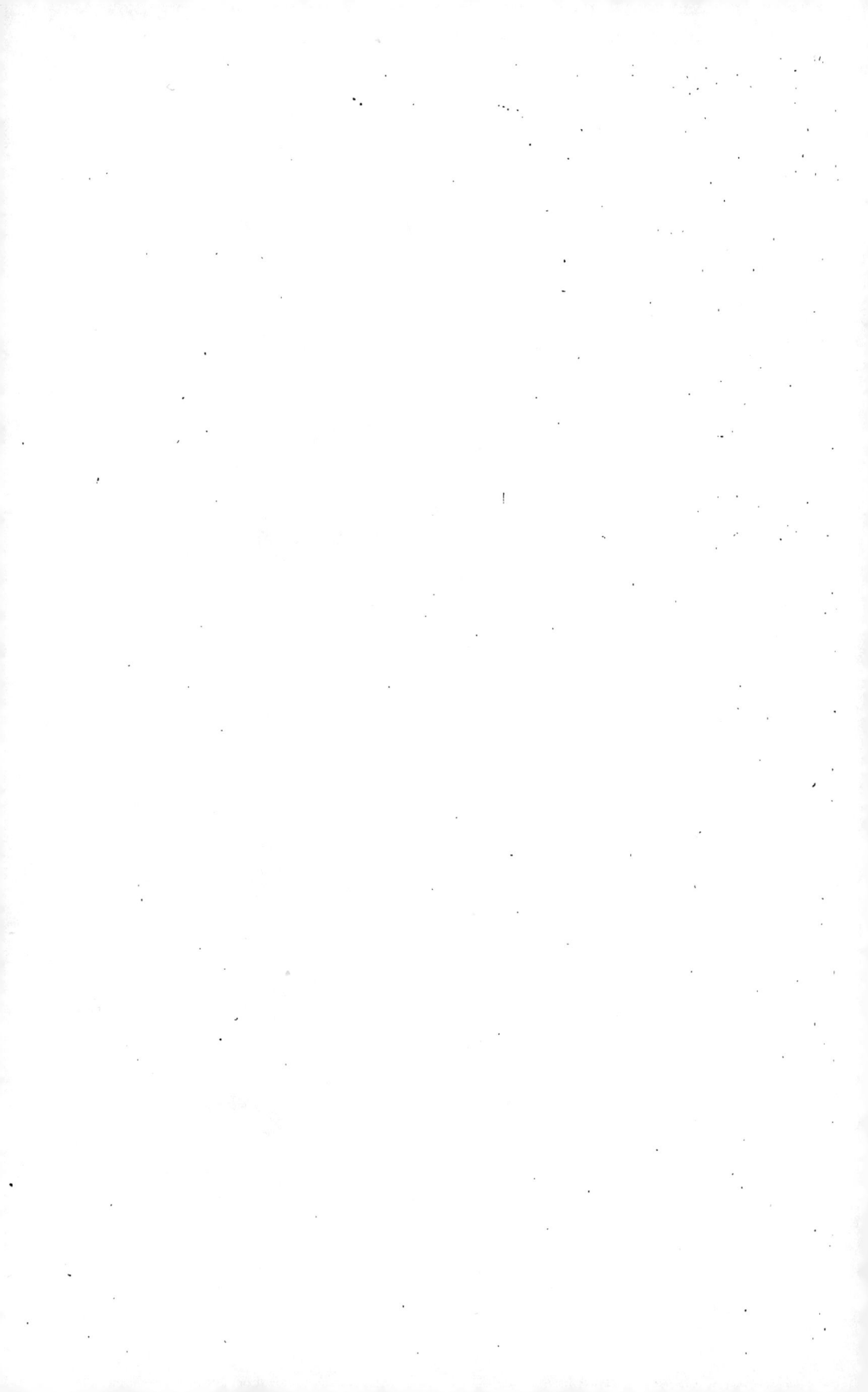

www.ingramcontent.com/pod-product-compliance
Lightning Source LLC
Chambersburg PA
CBHW052131090426
42741CB00009B/2041